Intelligenz ist machbar

Originalausgabe
© 2009 Polarity Verlag, Düsseldorf

2. Auflage 2013

Polarity Verlag
Teschler GbR
Burg Dalbenden 1
53925 Kall
Telefon: 0(049)2441 / 7716490
Fax: 0(049)2441 / 7716495
E-Mail: info@lernlust.eu
Internet: www.schuelercoaching.eu

ISBN 978-3-939578-27-7

*Wilfried Teschler*

# Intelligenz ist machbar
## Neue Ansätze für besseres Lernen

**Wichtiger Hinweis:**

Die Inhalte des Buchs beruhen auf sorgfältigen Recherchen und haben sich in der langjährigen Praxis des Autors sowie von Lehrern und Therapeuten nachhaltig bewährt.

Sie als Leser entscheiden, ob Sie die Anregungen aus diesem Buch ausprobieren und anwenden.

Eine wie auch immer geartete Haftung des Autors oder des Verlags für den Gebrauch des Buchs oder der Übungen ist ausgeschlossen.

Wenn Sie professionelle Hilfe in Anspruch nehmen wollen, finden Sie Adressen und weiterführende Literatur im Internet unter: www.schuelercoaching.eu

# INHALTSVERZEICHNIS

# VORWORT

*Jedes Kind will lernen.*
*Jedes Kind will leben.*
*Jedes Kind möchte mit dabei sein können.*
*Jedes Kind hat schnell verstanden: Leben bedeutet lernen und Lernen bedeutet Leben.*
*Lernen ist nahezu ein Synonym für Leben.*

*Nicht jedes Kind hat die Möglichkeit gut zu lernen oder gut zu leben.*
*Besser lernen bedeutet besser leben, individuell wie gesellschaftlich.*

*Dieses Buch soll ein Beitrag zum besseren Lernen und Leben für möglichst viele Menschen sein.*

*Kall, Februar 2013*
*Wilfried Teschler*

# WIR LERNEN

Lernen beginnt in dem ersten Moment des Lebens – ab dem Augenblick der Empfängnis.

Das Lernen als Fötus geschieht über die jeweils schon entwickelten Sinne, das ist erst einmal und vornehmlich das rein körperliche Empfinden. Wir lernen nach einer schon angelegten, aber sich immer weiter differenzierenden und spezialisierenden Blaupause. Diese Blaupause ist unserer Sicht nach die Basis jeglicher Art der Intelligenz. Erst nach der Geburt lernen wir differenzierter über Hören, Schmekken, Sehen, Riechen und noch viel später lernen wir mit unserer zielgerichteten Reflexionsfähigkeit. Der Mensch hat, wie jedes Wesen, den undiskutierbaren Willen zum Leben in sich. Das ist die fundamentale Lernmotivation. Der Grund jedes Lernens ist der vitale Wille zum Bewältigen des Lebens.

Wer das Leben bewältigen will, muss lernen. Anders ist leben und überleben nicht möglich. Alles Lernen dient auf einfacher Stufe dem Erhalt und dann auf höherer Stufe der Verbesserung des Lebens, Überlebens und der Lebensqualität. Auf einer noch höheren Stufe dient Lernen der Persönlichkeitsentwicklung. Lernen ist ein naturgegebenes Lebensthema für alle Menschen, vom ersten bis zum letzten Augenblick. Man kann davon ausgehen: Je besser ungehinderter dies, im Sinne der Lebensbewältigung, der sozialen Integration und der kulturell–persönlichen Selbstverwirklichung geschieht, umso nachhaltiger ist der Lernerfolg. Je sozial integrierter und zugleich individueller, gesunder und kreativer ein Mensch ist, auch und gerade aufgrund dessen was er gelernt hat, desto (sozial) konstruktiver, konfliktfähiger und zufriedener ist er.

Lernen hat keinen definitiven Endpunkt. Lernen ist ein fortdauernder Prozess und eine andauernde Entwicklung der Persönlichkeit und der Annexion von Fertigkeiten.

Meine Frau und ich haben das Ziel Lernen für viele Menschen zu vereinfachen und sowohl sozial, als auch individuell zufriedenstellender zu machen.

Die grundlegende Intelligenz (Blaupause) kann schon während der Schwangerschaft eingeschränkt, behindert oder deformiert werden. Im Laufe des Lebens wird sie durch Geburt, einschränkende Lebensbedingungen und Traumata weiter retardiert.

Das geschieht immer über die Beeinträchtigung der Sinne und Empfindens. Die Sinne sind der Ein- und Ausgang, das Tor und manchmal auch nur ein Nadelöhr zum verarbeitenden Gehirn. Ist das Tor beeinträchtig, erreichen das Gehirn die Reize und Informationen nicht in der Form, wie es sie zur Entwicklung der Persönlichkeit und Erlangung der Fertigkeiten notwendiger- und sinnvollerweise braucht.

Dem wollen wir Schritt für Schritt mit den Übungen in diesem Buch entgegenwirken.

Und außerdem: Gut funktionierende Sinne bewusst zu nutzen, macht Freude, schafft Möglichkeiten, macht herzlich, macht sensibel, verständnisvoll und immer weiter neugierig.

Eine vitale und volle Sinnesfähigkeit machen nicht nur intelligenter, sondern auch lebendiger, kreativer, das Leben selbst sinniger und im wahrsten Sinne des Wortes sinnvoller.

Gleich welcher Ernährung, sozialen Schicht und sozialen Bedingungen ein Mensch ausgesetzt ist, ob gestillt er wurde, welcher Erziehungsstil oder welche Schulform dem Menschen zuteil wurde, alle Einflüsse erreichen ihn über die Sinne, denn:

Die Sinne sind das Tor zur Welt und eine Quelle der Intelligenz.

Die Fähigkeit zur Intelligenz und deren Ausprägung wird maßgeblich vom Zustand der Sinne bedingt.

Intelligenz kann man lernen.

Intelligenz kann man lernen, indem man die Sinne trainiert, sie pflegt und liebevoll behandelt.

# LERNEN, GEHIRN, KÖRPER & Intelligenz

Leben heißt Lernen.

Wir Menschen sind offensichtlich ein sich selbst erhalten wollendes biologisches System. Um sich zu erhalten, ist Lernen eine unabdingbare Notwendigkeit. Und je fähiger ein Mensch ist das Erlebte aufzunehmen, zu verarbeiten, zu speichern und situationsadäquat weiterzugeben, für desto intelligenter halten und erachten wir ihn.

Also: Lernen sichert das Leben und ist zugleich Ausdruck des Lebens. Was lebt, das lernt, weil es sich selbst erhalten will.

Je besser das gelingt, desto intelligenter ist der Mensch im Sinne der Selbst- und damit der Arterhaltung.

Alles lernt um zu leben, gleich ob es Neues ist oder „nur" Wiederholung. Bei näherer Betrachtung muss man feststellen: Das ganze „Biosystem Mensch" lernt, nicht nur das Gehirn.

Lernen ist Ausdruck des Lebenswillens. Durch Lernen werden Differenzierungen und damit auch eine immer weitergehende Anpassung und Gestaltung des Lebens möglich.

Durch Anpassung und Gestaltung hofft der Mensch (wie jedes Lebewesen) lebens- und überlebensfähiger zu werden. Ob und wie die Anpassung gelingt, nennen wir den Lernerfolg.

Lernerfolg = Lebenserfolg

Ist der Mensch geboren, ist er sofort in Kommunikation mit seiner Umwelt. Kommunikation ist Input, Verarbeitung und der daraus erfolgende Output[1].

Die folgende Darstellung des Inputs, der Verarbeitung und der Realisation, erfolgt in symbolischen Bildern für den Ablauf eines Lernprozesses.

## A) Der Input

Informationen werden über einen oder mehrere Sinne aufgenommen.

1 Kein Output und keine Verarbeitung des Erfahrenen ist auch Kommunikation.

Sie kommen, gleich mit welchem Sinn sie an- und aufgenommen werden, unsortiert, ungewichtet und unbewertet in einen „Arbeitsspeicher" im Gehirn.
Der Zustand der Sinnesorgane wirkt als Filter für die Auswahl, die Quantität und Qualität der Informationen.

## B) Die Verarbeitung

Im „Arbeitsspeicher" unseres Gehirns werden die Informationen gesichtet und gewertet. Aus der Gesamtinformation werden in Bruchteilen von Sekunden sogenannte „Thumbnails"[2] angefertigt. Als brauchbar erkannte Informationen werden in körperlich verarbeitbare „Lochkarten" umgewandelt. Die Informationen werden auf Ähnlichkeiten, Unterschiede und ihre Bezüge zu- und gegeneinander hin überprüft, es werden Regeln aus den Informationen erstellt/ abstrahiert, wenn nötig und möglich, miteinander verlinkt, im „Arbeitsspeicher" gesammelt und kurzfristig aufbewahrt.

In körperlichen Ruhephasen, wie beispielsweise im Schlaf, wird der Arbeitsspeicher entleert, die Informationen werden mit Hilfe der körpereigenen Energie zur endgültigen Lagerung in spezifische Körperbereiche und Hirnareale hinein verteilt.

Die Verteilung der Informationen findet über die Nervenzellen und Neurotransmitter statt. Neurotransmitter sind biochemische Stoffe, welche Informationen in Form von elektrischen Reizen von einer Nervenzelle zu einer anderen Nervenzelle oder zu einer Körperzelle weitergeben, verstärken oder modulieren.

Dieses Prinzip der Weitergabe der Energie kennen wir aus der Physik. Vielleicht haben Sie auch schon einmal mit verwunderten Augen Newtons Kugelpendel in Bewegung gesetzt. Man lässt eine Kugel gegen die nächste schlagen, diese und die beiden darauf folgenden bewegen sich nicht. Die Energie des Schlages wird erst bei der letzten Kugel wieder sichtbar, indem diese wegspringt.

---

2 Unter „Thumbnails" werden in der Computersprache daumennagelgroße Bilder verstanden, die einen einfachen Eindruck des eigentlichen Bildes wiedergeben. Hier verstehe ich unter „Thumbnail" leicht abrufbare und prinzipielle „Erinnerungen", die im Gehirn gespeichert werden. Einen Thumbnail kann man als die Abstraktion einer Information betrachten. Die Speicherung der gesamten Information findet in thematisch korrespondierenden Körperbereichen statt.

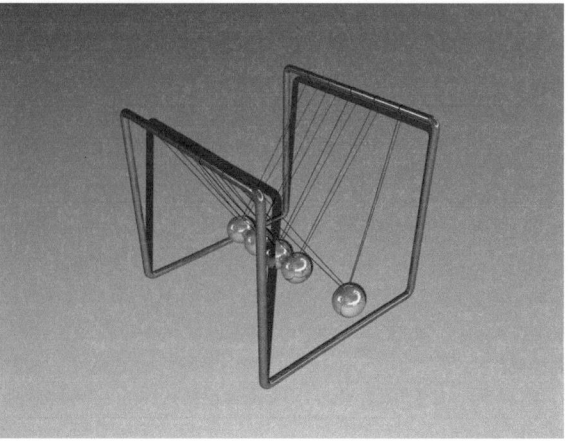

Newtons Kugelpendel

Die Kommunikation im Menschen geschieht durch Weitergabe der mit der Information angereicherten Energie. Erst wenn die Information körperlich abgespeichert ist, ist sie dauerhaft abrufbar und kann als nachhaltig gelernt gelten. Ist die Information in ihrer körperlichen Registratur angekommen, ruht sie dort bis zu ihrer Reaktivierung.

Je öfter sie abgerufen wird, desto leichter ist sie erinnerbar und wird sich, je nach Stärke der emotionalen Besetzung und mit der Zeit, als (Automatismus) Gewohnheit einschleifen.
Die Thumbnails/Abstraktionen der Informationen dienen dazu, Informationen als Vorab- oder Ungefährinformationen abzurufen, wenn nur die grobe oder abstrakte Information benötigt wird. Das erkennt man daran, dass die Präsentation des Aufgenommenen und Verarbeiteten ohne emotionale Besetzung stattfindet[3]. Unemotionales Lernen ist Kopflernen. Es bleibt im Arbeitsspeicher und wird körperlich nicht verankert. Ein rein mental angeeignetes Wissen kann nicht zum dauerhaften Können werden.

---

3 Wird unkörperlich und unemotional gelernt, weiß man, dass das Gelernte nur kurzfristig haltbar und abrufbar ist. Wird mit körperlicher und emotionaler Beteiligung gelernt, ist das Gelernte längerfristig haltbar. Unemotionales Lernen ist Kopflernen. Es bleibt im Arbeitsspeicher und wird körperlich nicht verankert. Ein rein mental angeeignetes Wissen kann nicht zum dauerhaften Können werden.

Die Thumbnails/Abstraktionen dienen ebenfalls dazu, die Informationen „auf ungefähr" wieder herzustellen, wenn der Körperbereich, in dem die Information abgespeichert ist, beschädigt ist, unbrauchbar oder verloren gegangen ist. Regeln und Verallgemeinerungen, die ebenfalls im Arbeitsspeicher erstellt werden, dienen dazu, den Überblick und den Durchblick über und durch die differenzierten und vielschichtigen Informationen herstellen zu können und diese für das tägliche und praktische Leben zu vereinfachen.

Der Mensch lernt also von Kopf bis Fuß, mit Muskeln, Haut und Knochen und nicht nur durch, in und mit dem Gehirn. Das Gehirn ist die Annahme-, Sichtungs-, Sortier- und Koordinationsinstanz. Das ist erforscht, nachgewiesen und unbestritten. Im Gehirn werden die abstrakten Informationen abgespeichert und im restlichen Körper die faktischen Informationen, das Erleben mit den zugehörigen Emotionen und konkreten Begebenheiten abgelegt.

Aus der Psycho- und Körpertherapie ist dieser Sachverhalt hinreichend bekannt: Nur wenn ein Ereignis erkannt, abstrahiert und **nacherlebt** wird, ist das damit verbundene Erleben und Verhalten bearbeitbar und evtl. lösbar, veränderbar. Ist in einer Körper-Psychotherapie nur das Wissen um … oder das Empfinden von … aktiv, kann man bestenfalls mit einer Linderung und nicht mit einer Lösung eines problematischen Erlebens und Verhaltens rechnen. Erst wenn der (abstrakte) Gehirnspeicher mit dem konkreten/emotionalen Körperspeicher verbunden ist, kann es zu einer grundlegenden Änderung kommen.

Die zu einem Erleben und daraus resultierenden Verhalten führende gespeicherte Information ist ebenso im Gehirn wie im Körper (Muskelgewebe, Knochen, Organ) verankert. Auffallend ist die Korrespondenz zwischen dem als Speicherplatz gewählte Organ und dem Inhalt einer Information. Die Informationen zu Handlungen sind z.B. in den Armen, Händen, Fingern abgespeichert. Eine Information zu dem, wie und was „geht" oder nicht „geht" (im weitesten Sinne des Wortes), wird im Bereich der Beine /Füße abgespeichert. Die Informationen rund um alles Visuelle sind in den Augen, Augenmuskeln abgelegt.

Die Speicherung in den thematisch zugehörenden Körperbereichen hat weitreichende Folgen. Sie werden zu Inhalten des jeweiligen Organs. Die Organe richten sich in ihrer Funktion und in ihrem Zustand nach ihren Inhalten, wenn diese stark und intensiv genug sind.

Diese Informationen können ebenso die Grundlage für eine lebens- und lernbejahende Einstellung wie für psychosomatische Erkrankungen bilden.

Informationen, Erinnerungen, Strategien können sich mit anderen Informationen widersprechen oder diese so stark prägen, dass das Organ nicht oder nur eingeschränkt seiner Funktion nachkommen kann. Die Folgen sind innere Konflikte, die sich im Außen z. B. durch Schulschwierigkeiten oder durch ein auffallendes Sozialverhalten bemerkbar machen. Dies ist sehr deutlich bei seelischen Traumata zu beobachten. Auf Grund eines seelischen Traumas kann ein Organ stark beeinträchtigt werden oder sogar vollständig ausfallen. Wenn kein körperlich-medizinischer Befund feststellbar ist und das Organ dennoch Ausfälle zeigt oder (medizinisch) unerklärlich schmerzt, kann man von einer derartigen Konstellation ausgehen.

Aus gutem Grund wird in solchen Situationen oft Psychotherapie empfohlen. Man kann auch sagen, dass die durch die Sinne aufgenommenen und über den Arbeitsspeicher des Gehirns sortierten und in einem Organ abgelegten Informationen, die Funktionen des Organs behindern oder sogar unmöglich machen.

Umgangssprachlich sagt man dazu auch: „Ich bin beeindruckt" oder „Das war ein gravierendes Erlebnis". Damit wird sehr genau das benannt, was in einem mehr oder minder großen Ausmaß ständig in uns geschieht.

Erlebt jemand ein außerordentlich gravierendes Ereignis, spricht man von einem Trauma[4]. Aufgrund der Beeinträchtigungen, die mit Traumata einhergehen, können solch beeindruckende Ereignisse, neben schweren Krankheiten, zu Hindernissen für einen lernenden Menschen werden.

Eine optimale Verarbeitung eingegangener Informationen ist dann erreicht, wenn die Informationen direkt und unverfälscht, bewusst oder unbewusst genutzt werden können. Das ist bei den meisten Menschen selten der Fall.
Der Grund liegt darin, dass die Werkzeuge, die Bedingungen und die Abläufe der Verarbeitung, bei weitem nicht zufriedenstellend koordiniert sind. Den Verarbeitungsschwierigkeiten der Informationen kann man mit einer Mentaltechnik, die ich umfassend in meinem Buch „Lernräume" vorstellen werde, abhelfen.

## C) Der Output / die Realisierung

Das Gelernte wird auf zwei Wegen aktualisiert, realisiert und präsentiert:
1. Unbewusst, automatisch und spontan auf Grund eines Anlasses über einen Sinn, der direkten Zugriff zur Information hat (z. B. beim Auto fahren). Dieser unbewusste Lernprozess findet ständig und „unbeobachtet" innerhalb des „Systems Mensch" statt.
2. Bewusst, kreativ und zielgerichtet (z. B. beim Denken). Mit dieser Art der Präsentation identifiziert sich der Mensch.
Die wichtigsten Sinnesorgane für die Präsentationen des Gelernten sind: der Mund für den verbalen Ausdruck und das Empfinden für die Steuerung des taktilen Ausdrucks.
Die Nase spielt als Sinnesorgan für die Orientierung, das Timing und die Bewertung von Aktionen/Präsentationen eine kaum bemerkte, jedoch ebenfalls wesentliche Rolle.
Ein Lernprozess ist erfolgreich, nachhaltig und kann als abgeschlossen gelten, wenn das Gelernte im Kontext der ge-

4 Die Informationen werden auch in unseren Sinnen abgelegt. Sie können zu mehr oder weniger ausgeprägten Beeinträchtigungen der Sinnesfunktionen führen.

wünschten Präsentation abrufbar ist.

In diesem Zusammenhang ist nicht nur eine sprachliche, sondern auch inhaltliche Unterscheidung zwischen einer Erinnerung und einer Gravierung sinnvoll und wichtig. Unter Gravierung verstehen wir die Folgen eines Erlebnisses, welches im Menschen gravierende/manifeste Spuren hinterlassen hat.

Eine Erinnerung ist abrufbar, sie kann beispielsweise erzählt werden.
Eine Gravierung kann, muss aber nicht bewusst abrufbar sein, steuert jedoch das Erleben und Verhalten des Menschen. Dabei ist es unerheblich, ob dies dem Menschen bewusst ist oder unbewusst geschieht.
Eine Gravierung kann als Erinnerung erscheinen und dargestellt werden.

Ein grundlegendes Ziel unseres Trainings und unserer Therapie ist es, möglichst viele Gravierungen zur Erinnerungen werden zu lassen und diese Erinnerungen so weit zu verarbeiten, dass sie die Sinne und den Menschen nicht mehr beeindrucken, sprich ihn nicht mehr behindern.

## SCHWIERIGES LERNEN

Die Problemfelder im Hintergrund einer jeden allgemeinen und damit auch schulischen Lernauffälligkeit sind die Situation innerhalb der Herkunftsfamilie (Stichwort „bildungsferne Familien"), Unfälle/Traumata/Krankheiten und genetische Faktoren, die seit Mitte der neunziger Jahre als Ursache für Lernprobleme ins Blickfeld kamen, unseres Erachtens jedoch wesentlich seltener beteiligt sind, als angenommen wird[6].
Gestört ist der dem Menschen innewohnende Antrieb, das Leben zu sichern und/oder Fähigkeit die Kulturtechniken zum eigenen und sozialen Nutzen zu adaptieren. Nach unserer Erfahrung und unserem Wissen korrespondieren die

6 Einen Überblick über den derzeitigen Stand der Forschung in: Lettre international IV/ 2008

drei benannten Ursachenfelder für Störungen im Lernen mit individuell unterschiedlichen Schwerpunkten. Krankheit/Traumata/Unfälle, genetische und soziale Faktoren können jedes für sich, jedoch meist als Gemisch, zu Störungen führen. Diese können ihrerseits ein unerwünschtes und destruktives Erleben und Verhalten mit sich bringen, was schlechte schulische Leistungen oder im Erwachsenenalter entweder eine sozial oder persönlich unbefriedigende Lebensleistungen zum Ergebnis hat.

Spätestens mit dauerhaft unbefriedigenden und schlechten Leistungen gilt der Schüler/die Schülerin als auffällig, der Erwachsene kann später als schwieriger Mitmensch angesehen werden.

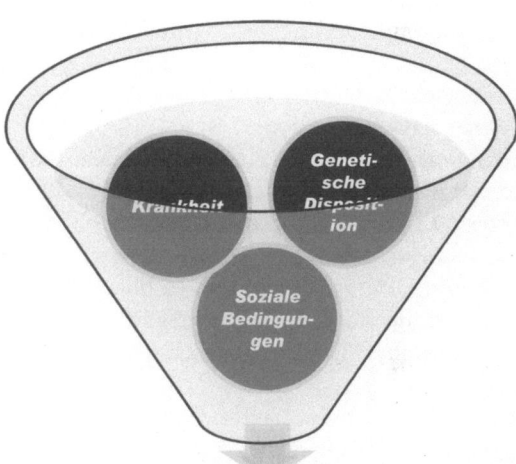

18

Die Korrespondenz zwischen den vorgenannten drei Faktoren genetische Disposition, Unfälle/Traumata/Krankheiten, familiäre/soziale Problematik und schlechten schulischen Leistungen[7] ist ausgesprochen hoch.

Ob Krankheit, genetische Disposition oder soziale Faktoren sich in den Symptomen allgemeine Lernschwäche, Konzentrationsstörung, LRS oder Dyskalkulie zeigen, ist abhängig von der individuellen Konstellation dieser Faktoren.

Dies lässt den Schluss zu, dass man Krankheit(en), Gene (Hirn-/Sinnes-/Körperfunktionen) und soziale Verhältnisse nur zu verbessern/zu ändern, auszuheilen bräuchte und man hätte einen idealen Schüler.

Das wäre schön, doch dem ist nicht so.

- Man sollte aus ethischen Gründen in das Leben Anderer nicht ohne Erlaubnis und Auftrag eingreifen. Jeder hat ein Recht auf Unangepasstheit (dies gilt jedenfalls für mich, nach meinen europäischen-demokratische-ethischen Anschauungen).
- Selbst wenn man einen Auftrag hat, hat man oft gar nicht die Möglichkeiten und Mittel, um zielgerichtet, punktgenau und effektiv einzugreifen.
- Selbst wenn die Therapie/Lernförderung erfolgreich ist, d.h. die Hindernisse in ausreichendem Maß beseitigt sind, muss der Schüler, die Schülerin immer noch Lesen, Schreiben und Rechnen wollen und dies auch einüben.

Der Lernende entscheidet letztendlich über den - wie auch immer gearteten - Erfolg der Lernförderung und Therapie. Wie wir gesehen haben, gründen allgemeine Lernschwäche, Lese-Rechtschreibschwäche (LRS) und Rechenschwäche auf gemeinsamen Faktoren in unterschiedlicher, individueller Gewichtung. Diese unterschiedliche Gewichtung lässt Verallgemeinerungen keinen Raum. Jedes Kind und jeder erwachsene Mensch ist individuell mit seinen Grundlagen, seiner Genese und seinen derzeit vorhandenen speziellen Lebensbedingungen zu betrachten.

7 Hierunter verstehe ich im engeren Sinne die Zeugnisnoten und im weiteren Sinne das in der Schule gezeigte Verhalten.

# KINDER LERNEN

Ein Dreh- und Angelpunkt des Lernens und somit auch des daraus folgenden Maßes an individueller, sozialer und kultureller Kompetenz und Zufriedenheit ist die Qualität der Sinne des Menschen.

Kinder lernen in erster Linie über den Körper, die Bewegung und das Erleben. Das ist bei durchschnittlicher und ungehinderter Entwicklung bis zum achten Lebensjahr der Fall[8]. Körperliche Erfahrung und Erleben werden durch die Sinne möglich.

Sind die Sinne über ein bestimmtes Maß hinaus beeinträchtigt, können sie das zu Lernende nicht im gewünschten Maß an- und aufnehmen, nicht angemessen verarbeiten und präsentieren. Ist dies bei durchschnittlicher Intelligenz und durchschnittlichen Schulbedingungen der Fall, spricht man von einer allgemeinen Lernschwäche, einer Rechenschwäche (Dyskalkulie) oder einer Lese-/Rechtschreibschwäche (LRS).

Von Lernstörungen spricht man, wenn die Schwierigkeiten über das Maß der Variationen des Normalen hinaus gehen. Was eine Variation des Normalen ist und was nicht zum Normalen gehört, unterliegt in der Praxis der Beurteilung der Lehrpersonen, die sich verständlicherweise oft mit der Beantwortung und der damit einhergehenden Verantwortung überfordert fühlen.[9]

In und durch die Sinne, genauer gesagt durch den Zustand der Sinne, manifestieren sich genetische Faktoren, Krankheiten, Unfälle und sozialen Bedingungen.

Das Maß, in dem die Sinne fähig sind Informationen aufzunehmen, sie sinnenadäquat zu verarbeiten und zu realisieren, ist ein Schlüssel zum Lernen.

Jeder Mensch hat ein individuelles Maß an Sinnenfähigkeit. Sie ist bei jedem ausbaubar, gleich ob sie zu schulischer Auffälligkeit führt, welchen Alters der Mensch ist oder welche spezifischen Fähigkeiten und Talente, bis hin zu Hochbegabung, vorliegen.

---

8 Ab und nach dem achten Lebensjahr kommt sukzessive eine weiterte Verarbeitungsmöglichkeit, die intellektuelle Reflexionsmöglichkeit, hinzu.

9 Die Definitionenvon LRS und Dyskalkulie scheinen eindeutig umrissen zu sein, doch schaut man sie sich genauer an, weisen sie eklatante Schwächen auf. Siehe auch das Kapitel: Wissenschaft und WissenschaftlichkeitS. 80 ff

Informationen werden durch die Sinne aufgenommen, im Menschen verarbeitet und wiederum mit Hilfe der Sinne im Leben, im Außen realisiert. Die Verfassung der Sinne ist ein wesentlicher Schlüssel, wenn nicht sogar der Hauptschlüssel, zum Verständnis, zur Effektivität der Lernfähigkeit und zur Intelligenz eines Menschen.

Und: Je früher im Leben das Training zu einer weitgehenden Sinnenfähigkeit beginnt, desto einfacher kann der junge Mensch Intelligenz entwickeln und die Anforderungen der Schule und des Lebens bewältigen.

## ERWACHSENES LERNEN

Erwachsene haben eine weitere Möglichkeit des Lernens, die auf der erlangten Sinnenkompetenz aufbaut. Sie brauchen nicht zwingend das Konkrete „vor Augen" zu haben, um einen Lernschritt zu machen und einen Aha–Effekt zu erleben. Sie können über Logik, aus Erfahrungen und durch ihr inzwischen entwickeltes Abstraktionsvermögen lernen.

Doch damit es soweit überhaupt kommen kann, muss sinnliches Lernen durch, über und mit den Sinnen milliardenfach geschehen sein.

ERWACHSENE LERNEN ANDERS UND DAS AUCH NOCH MIT ANDEREN ZIELEN.

Erwachsene lernen genau wie Kinder jeden Augenblick und überall. Selbst das sture Wiederholen von Bekanntem ist Lernen, weil es zu einer größeren Sicherheit des Gelernten führt. Über den Tellerrand schauen und sich über die bekannte Welt hinaus bewegen, ist Lernen.

Beides wird im täglichen Erwachsenenleben verlangt. Von der (neuen) Situation, dem neuen Arbeitgeber, den sozialen Bedingungen, im Aus- und Fortbildungssemiar und (hoffentlich oft) auch aus sich selbst heraus.

Durch Lernen und Umsetzen des Gelernten ist jeder Mensch an der Gestaltung unserer Gesellschaft beteiligt. Sich selbst, die Gesellschaft, die Umgebung mit Spaß und

Freude bewusst und zielgerichtet zu gestalten, ist ein ein-
deutiges Ja zum Leben.

Viele Erwachsene haben eine Versichertenmentalität. Das
ist die Mentalität, die bekannten, möglichst sicheren, ge-
mütlichen und schon von anderen „eingetrampelten"
Wege zu gehen. Der Output des Gelernten ist bei Vielen
kein kreatives Ergebnis, sondern ein Wiederholen des Wiederholten und wiederum Wiederholten.
Auf solchen Pfaden gehend, wundert man sich mit der Zeit
vielleicht darüber, dass man selbst und das eigene Leben
immer weniger, schmaler, langweiliger und grauer wird.
Man will auf Nummer sicher und gemütlich gehen, richtig
was vom Leben haben (wenn man in Frühpension geht),
doch den Preis dafür nicht zahlen. Man erzählt sich und
anderen, man habe ein gutes Leben. So lügt man sich in die
eigene und fremde Tasche. Den Preis zahlt man in der
Form der monatlichen Versicherungsbeiträge: Lebens-
energie runter, Ruhe rauf. Man möchte sichergehen, dass
man nur nichts bedrohlich Neues in die Wege leitet oder
etwas brenzligem - interessantem Neuen begegnet.
Was kann da helfen? Kann man da überhaupt noch helfen,
soll man da eingreifen?
Jeder Einzelne kann sich auf den Weg zu neuen Erfahrungen, zu neuen Ufern machen und zunächst über den ge-
wohnten Tellerrand schauen und dann vielleicht den Teller
über den Rand verlassen.
Hier spreche ich von Erwachsenen. Kinder sind in einer
grundsätzlich anderen Lernsituation, müssen sich zuerst
einmal ihren Teller (Lebensumgebung) mit den ihnen zur
Verfügung stehenden Mitteln bauen, die Gegebenheiten
ihres Lebens kennen- und sie anwenden lernen.
Wenn wir Erwachsene lernfreudiger, mutiger und aben-
teuerlustiger wären, täte uns allen das sicherlich in der persönlichen Lebensqualität, in der Politik, in Forschung und
Wirtschaft sehr gut.

Der Mensch ist von Natur aus kein rigides, repetierendes, konservatives Wesen. Das mag nur für einzelne Exemplare zutreffen. Der Mensch ist von Natur her ein durch und durch kreatives Wesen, das Antworten auf die Anforderungen des Lebens finden will und sehr oft findet. Wäre dies nicht der Fall, wären Menschen inzwischen wahrscheinlich ausgestorben.

Wir sind die einzigen Lebewesen, die es geschafft haben in und unter allen Lebensbedingungen, die diese Erde bietet, leben zu können. Das ist nur auf Grund unserer Lern- und Anpassungsfähigkeit möglich.

## Trainieren Sie Ihre Aufnahmefähigkeit

Ich habe eine sehr einfache Übung entwickelt, um das Lernen und die Intelligenz von Erwachsenen zu fördern.

Hier ist sie:

Erinnern Sie sich an ein Thema oder an eine Aufgabe aus der letzten Zeit, die Sie bisher noch nicht ganz oder nur teilweise verstanden haben.

Erinnern Sie ein mathematisches Symbol, das Ihnen nicht ganz verständlich ist.

Oder: Erinnern Sie sich an einen Menschen, dessen Verhalten Ihnen ein Rätsel geblieben ist.

Oder: Nehmen Sie sich ein für Sie rätselhaftes Thema in den Sinn.

Entspannen Sie sich und lassen Sie das Thema, die Situation, den Menschen, die Mathematikaufgabe, gleich was Sie (besser) verstehen möchten, vor Ihrem inneren Auge als ein Gegenüber entstehen.

Wichtig ist:

1. Fühlen Sie sich in das Thema, die Aufgabe oder was Sie gewählt haben, ein.
2. Halten Sie innerlich Kontakt und erlauben Sie sich mit Ihrem Empfinden/ Gefühl in Kontakt zu bleiben.
3. Erwarten Sie möglichst keine, wie auch immer gearte-

ten Ergebnisse (das würde die Zielrichtung der Ergebnisfindung beeinflussen und vielleicht sogar festlegen).

4. Kümmern Sie sich nur um den inneren emotionalen Kontakt mit Ihrem Gegenüber/dem Thema.
5. Lassen Sie auch unkonventionelle Wege zu (was das auch immer sein mag).
6. Bleiben Sie vorurteilsfrei.
7. Bleiben Sie auf eine sanfte Art und Weise neugierig.
8. Lassen Sie es geschehen, es ist richtig.

Mit der Zeit, das können wenige Sekunden oder auch Minuten sein, verändert sich Ihr Gegenüber/das Thema und/oder Sie entwickeln einen andern Bezug zu ihm.

Lassen Sie geschehen was geschieht, es ist richtig, vielleicht kommt es näher, wird farbiger, Sie hören etwas, oder, oder. Erlauben Sie sich zu verstehen, was Ihnen bisher nicht zugänglich und klar war. Es geschieht dann beinahe wie von selbst. Mit der Zeit wird alleine durch den inneren Kontakt, den Sie zu dem Anderen, Fremden, Unbekannten, Rätselhaften aufgebaut haben, das Rätsel entschlüsselt oder die Unklarheit klar werden.

Sie stellen mentalen Kontakt mit dem Fremden, Unverstandenen oder Neuen her. Die durch die zunehmende Nähe und zunehmende Verbundenheit verminderte Fremdheit macht es Ihnen möglich alles zu verstehen oder zumindestens besser zu verstehen.

Sie können diese Übung wiederholen, wenn Sie das (entstandene) bisherige Verstehen vergrößern möchten.

Mit dieser einfachen Übung schlagen Sie viele Fliegen mit einer Klappe:

- Sie können Ihr Verstehen für konkrete Themen, Aufgaben, Menschen, Ideen vergrößern.
- Sie trainieren Ihre allgemeine Konzentrationsfähigkeit.
- Vielleicht entwickeln Sie aus sich heraus eine allgemeine und größere Weltoffenheit. (Sie können damit rechnen, dass dies nach einiger Zeit nicht nur für Sie,

sondern auch für Andere spürbar wird.)

- Sie machen (wieder einmal) die Erfahrung, dass man nicht beim Status quo des Nicht- oder Teilwissens stehen bleiben muss.
- Sie wissen einfach mehr und kommen deswegen besser zurecht im Leben, wenn Sie das zusätzliche Wissen, so klein es auch sein mag, nutzen.
- Sie haben Ihre Intelligenz, Ihre Empathie und Ihren Lebenswillen aktiviert und trainiert.
- Sie haben im Laufe des Prozesses das Objekt „erörtert", die Entfernung zwischen sich und dem Objekt verringert und letzten Endes das Objekt mit in Ihr System genommen. (Diesen Prozess nennt man lernen.)
- Sie haben die Distanz zwischen sich und dem Anderen zumindest verringert und vielleicht sogar aufgelöst.
- Sie sind wissender und ein wenig klüger geworden.
- Zu guter Letzt können Sie feststellen, dass Sie sich mit dem anfänglich fremden, rätselhaften und äußerlichen Objekt vereinigt haben.

Das mag Ihnen im Einzelfall wenig erscheinen, doch mit der Zeit und der Übung häuft sich sicherlich ein Stein auf den anderen.

Sie, als Erwachsener, können mit Hilfe dieser Übung in allen Lebensbereichen lernen und klüger werden, denn Sie sind in der Lage zu abstrahieren. Kinder können das nicht. Kinder müssen mit Farben ein Thema malen, es mit den Händen anfassen, mit bunten Stäben eine Rechenaufgabe lösen oder ein Theaterstück aufführen, um sich ein Thema zu erschließen. Sie müssen es spüren, erleben und direkt erfahren.

Es zeichnet Sie als einen erwachsenen Menschen aus, die vorgestellte Mentaltechnik nutzen zu können. Ich habe für diese Übung die (mentalen) Prinzipien des Erwachsenenlernens genommen, sie zusammenfasst, sie systematisiert und in diese Übung gegossen.

Die Übung ist so einfach, wie das Lernen und intelligent werden selbst.

## DIE PRINZIPIEN DES ERWACHSENEN LERNENS

Aufgrund seiner angeborenen Fähigkeiten, die man die Blaupause des Lebens nennen kann, und seiner schon gemachten Erfahrungen entwickelt der Mensch nach frühestens acht Lebensjahren die Möglichkeit, das Abstrakte als Lernweg zu nutzen. Bis dahin trainiert er das Abstrahieren.

Schwerpunktmäßig ist das Kind mit Begreifen beschäftigt und der Erwachsene mit abstraktem Erkennen oder abstrakter Erkenntnis[10], wobei das Abstrakte das Konkrete, Körperliche nicht ausschließt.

Die Art, in der Kinder lernen, ist „die Welt" zunächst spielerisch und körperlich zu *be-greifen*, während Erwachsene die Welt geistig zu *er-fassen* suchen.

> Schwerpunkt des kindlichen Lernens ist die körperliche Erfahrung, Schwerpunkt des erwachsenen Lernens ist das geistige Erfassen.

Beides hat ein gemeinsames Ziel: Das selbstgewählte oder von außen gegebene (intrinsische/extrinsische) Ziel des kindlichen oder erwachsenen Lernens ist das Erfahren, das Verallgemeinern, das Extrahieren, das Abstrahieren und die adäquate Anwendung des Gelernten.

Welches Ziel jemand im Konkreten verfolgt und was er mit dem Gelernten machen kann, ist natürlich abhängig von seiner Persönlichkeit und den Lebensumständen.

Der Mensch ab ca. dem achten Lebensjahr braucht immer weniger Konkretes oder konkrete Anlässe, um in einen Lernprozess einzusteigen, der seinen bisherigen Tellerrand erweitert oder der ihn sogar über den bisherigen Tellerrand hinausführt.

Das ist die sich ständig erweiternde Art des erwachsenen Lernens.

10 Z. B.: Buch lesen, Berechnungen tätigen, Projekte planen, sind Abstraktionen der Realität und Versuche, „die Welt" geistig zu erfassen und/oder die Welt zu gestalten.

Das körperliche Lernen wird deswegen nicht überflüssig. Der erwachsene Mensch kann Abstraktes realisieren, damit und davon lernen und es schließlich anwenden, ohne eine aktuell vorhandene, konkrete Grundlage haben zu müssen.

Zur Erläuterung des Sachverhalts dient eine frei nacherzählte Anekdote, man schreibt sie Platon zu:

Platon fragt einen Philosophenkollegen, ob er sich das Wort „Pferd" vorstellen könne, ohne ein Pferd gleichzeitig mit seinen eigenen Augen zu sehen. Dieser verneint, worauf Platon ihm sagt, er könne nicht denken.

Wenn diese Geschichte sich wirklich so abgespielt hätte, würde das heißen, dass der Kollege nicht über die Fähigkeit eines Erwachsenen verfügte, Abstraktes zu realisieren und dies als Grundlage für weiteres Denken / Handeln zu nehmen.

Für den Lernprozess eines Kindes bis mindestens zum achten Lebensjahr ist das Anfassbare, der konkrete Grund, das an ein Ding, eine Situation, eine Bewegung gebundene Erleben und Erfahren eine fast unabdingbare Notwendigkeit, um etwas zu lernen, zu erfassen.

Natürlich sind die Übergänge zwischen dem kindlichen und dem erwachsenen Lernen fließend. Wir finden auch Erwachsene, die in höherem Alter noch nicht in der Lage sind, ohne die Finger zu Hilfe zu nehmen Zahlen zu subtrahieren oder zu addieren. Und es gibt sicherlich auch junge Genies, die in frühester Kindheit abstrakte Leistungen zu vollbringen scheinen.

Mir geht es aber nicht um die Ausnahmen, sondern um den durchschnittlichen Menschen, anders gesagt, um das statistische Mittel.

Indem jemand das abstrakte Wahrnehmen, wie oben in der Übung vorgestellt, trainiert, trainiert er seine Aufmerksamkeit, trainiert er und vermehrt er auch seine Neuronen, die beim Lernen unerlässlich für Informationen im Gehirn und Nervensystem sind. Je mehr Nervenverbindungen ein

Mensch hat, je trainierter sie sind, desto mehr Möglichkeiten der Verarbeitung und des Transportes von Informationen hat er. Das gilt für alle Altersstufen.

Neben der unterschiedlichen Art des Lernens von Kindern und Erwachsenen kommt beim Erwachsenen ein Lernziel hinzu, welches bei Kindern noch nicht vorhanden ist. Kinder befinden sich auf der ersten Stufe des Lernens. Sie lernen, wie sie das Leben praktisch sichern können. Als Erwachsener lernt man bewusst und zielgerichtet seine Lebensqualität zu verbessern. Die Auseinandersetzung mit der Verbesserung der Lebensqualität setzt dann ein, wenn man das grundlegende Überlebens- und Lebensbedürfnis befriedigt und gesichert hat.
Jetzt hat man Zeit für die Entwicklung der persönlichen und vielleicht auch gesellschaftlichen Lebensqualität.
Ist die Lebensqualität für den Erwachsenen in befriedigendem Maß vorhanden, kann er sich auch an die Entwicklung seiner Persönlichkeit machen. Themen dieser Auseinandersetzung sind:
Die Antwort auf die Frage nach dem Lebenssinn, das Stecken eines wie auch immer gearteten höheren Lebensziels, die Entwicklung von - über das gesellschaftlich geforderte Maß hinausgehendem - Können und Kompetenz. Dies alles sind Anzeichen für ein erwachsenes Streben.

Hier die drei aufeinander folgenden Stufen des Lernens:
1. Die Lebenssicherung
2. Die Verbesserung der Lebensqualität
3. Die Persönlichkeitsentwicklung

Wenn ein Kind versucht es sich immer besser gehen zu lassen, geschieht dies im Zusammenhang mit einer stabileren Absicherung seines Lebens. (Mehr) Lebenssicherung und Lebensabsicherung geschieht aus dem Kausalen und aus dem Lebens- / Überlebenstrieb heraus.
Eine höhere Lebensqualität und Persönlichkeitsentwick-

lung muss man bewusst ansteuern und wollen. Dafür braucht man ein großes Maß an Gelerntem.

Mit dem Thema Persönlichkeitsentwicklung sind wir mit Sicherheit beim Kernthema des erwachsenen Lernens. Um dies überhaupt wollen zu können, ist Überblick, Abstraktionsvermögen und die Definition von Idealen nötig. Diese muss man intrinsisch entwickeln und einsetzen können. Indem man einfach nachplappert[11] und nicht weiß, um welche erlebten Werte und Normen es sich handelt, kann man seine Ziele nicht erreichen. Ziele erreichen heißt, sich mit seinen Zielen zu vereinigen (Übung oben). Genau wie das Lernen und die Lernziele bei Erwachsenen im Prinzip andere sind[12], sind auch die Lernblockierungen bei Kindern und Erwachsenen anders gelagert.

Sind bei einem Kind die Ursachen eines Lernproblems noch zu überblicken (s.o.: soziale Bedingungen, Krankheit, genetische Disposition), so kommen bei einem Erwachsenen Überlagerungen von Krankheiten, Verletzungen, sozialen Schwierigkeiten, Traumata und, das ist nicht zu vernachlässigen, auch persönliche Dummheiten hinzu. Deswegen kann man nicht sagen, was Hänschen nicht lernte, lernt Hans nimmermehr, man muss sagen, was Hänschen nicht lernte, kann Hans unter schwierigeren Bedingungen lernen, wenn er es denn überhaupt will und in Angriff nimmt. Bei vielen Kindern findet man schon eine massive Entmutigung. Beim Erwachsenen findet man nicht nur eine seit Kindheit gewachsene Entmutigung, sondern auch das Phänomen, dass der Erwachsene mangels Training wirklich vergessen hat, wie man lernt. Das Lernen selbst und die dazu gehörende Lust, der Mut und die Lernstrategien müssen bei vielen Erwachsenen erneuert, geändert und/oder trainiert werden.

---

11 Kindern plappern nach und üben damit die Worte und Bedeutungen ein.

12 Natürlich gibt es sehr viele Erwachsene, die in der kindlichen Lernphase stecken geblieben sind. Hier ist dann das Nachsitzen für Erwachsene in puncto Lernen angesagt.

Viele Erwachsene müssen das (kreative) Lernen (erneut) lernen, bevor es zu weiterem Lernen gehen kann.
Da ist unsere Teschler Lernförderung zuständig und greift genau an diesem Punkt an.

**Lernen ist Lust am Leben.**
Mit Lebenslust lernen, ist die beste Art zu lernen und die Intelligenz nicht nur zu erhalten, sondern auch noch auszubauen.
Kindern sollte man die Lernlust nicht nehmen und Erwachsene können sie zurückgewinnen.

# DER WEG INS ZENTRUM DES LERNENS

In meiner oben geschilderten Auseinandersetzung mit dem Thema Lernen habe ich einen direkten Weg zum Lernen gefunden.

Ich wollte den Kern des Lernens, des Lernprozesses kennenlernen und punktgenau in die Aufnahme, die Verarbeitung und in die Ausgabe (das sind die drei Stationen des Lernens) eingreifen können. Indirekte und an den Symptomen herumdokternde Wege zum Lernerfolg, wie Pauken und Wiederholen, Auswendiglernen und Ähnliches, kennen wir und vielleicht sind Sie, ebenso wie ich, dieser Methoden und Techniken überdrüssig, weil sie sich immer wieder als nur bedingt effektiv, aufwendig, kompliziert herausstellen.

Ich möchte kreatives und ein zugleich einfacheres Lernen möglich machen. Ich wollte die wichtigen Schwachstellen und verbesserungswürdigen Zusammenhänge sehen, erfassen und verbessern können, ohne Streu- und Kraftverlust. Ich wollte die Lernverbesserungsmöglichkeiten für Kinder und Erwachsene finden.

Ich habe hingeschaut und die direkten Zugänge gefunden.

Anstatt einen, wie ich mir vorgenommen hatte, habe ich zwei Zentren des Lernens gefunden. Es gibt ein direktes und für wohl fast jeden Menschen gangbares Tor zum Lernen, es ist ein mentaler Weg. Über dieses Tor kann man jegliche Lebensbereiche (Lernbereiche) des Menschen erreichen und konstruktiv verbessern. Es ist die Mentaltechnik „Lernräume"[13].

Das Mentale ist wichtig und unumgänglich, wenn man in die Lernprozesse eingreifen will. Die Informationen, das Aufzunehmende und zu Verarbeitende muss jedoch über die Sinne zur Zentrale, dem Gehirn, gelangen.

Ob und in welcher Quantität und Qualität die Informationen dort ankommen und zu einer sich erweiternden Intelligenz verarbeitet werden, ist grundlegend abhängig von

---

13 Eine Erläuterung zu dieser Technik finden Sie in dem Buch: Frauke Teschler : Fit Fürs Lernen -Lernfähigkeiten entwickeln

dem Zustand der Sinne. Deswegen habe ich neben Mentaltechniken Körperübungen entwickelt, die die Sinne stabilisieren, stärken, besser organisieren und koordinieren. Das Ziel der Übungen ist ein verbessertes Lernklima, die verbesserte Koordination der Informationen, eine direkte und angemessene Aufnahmefähigkeit und befriedigende Realisierung des Erlernten. Die wahrscheinlich wichtigste Übung zur Verbesserung der Lernfähigkeit stelle ich Ihnen in diesem Buch ausführlich vor.

Es ist nachgewiesen und unstrittig, dass eine Veränderung (Negierung/Umorientierung/Neuerung) erst dauerhaft ist, wenn sie die körperliche Ebene erreicht hat, in der körperlichen Substanz die adäquate Veränderung bewirkt und dort verankert ist.

Alles Gelernte und somit auch das unvollständig oder falsch gelernte[14] ist körperlich abgespeichert/abgelegt[15]. Dies bringt uns zu der wichtigen Erkenntnis, dass die Hardware „Körper" in vielen Bereichen mit der Software „Gelerntes" gleich zu setzen ist.

Genau wie die Umwelt den Körper verändert, verändert aber auch Lernen den Körper. Und: Das Körperliche macht Lernen erst möglich.

Der Körper ist die Basis, der Weg des Lernens.

Daraus ist abzuleiten: Ein veränderter Körperzustand (von der molekularen Ebene bis hin zur Motorik oder zur Spannung der Muskulatur) bringt ein verändertes Lernen mit sich.

Deswegen kann man (und ich finde man muss es auch), wenn man nachhaltige und qualifizierte Lernergebnisse erzielen möchte, nicht nur das Geistige, den Verstand trainieren. Um ein sinnvolles, möglichst erfolgreiches und nachhaltiges Lernen zu ermöglichen, muss man den Körper, die Motorik und die Sinne mit einbeziehen.

---

14 Falschgelerntes gibt es nur im Zusammenhang mit vorgegebenen Zielen.
15 M. Spitzer, Lernen,Berlin, Spectrum Akademischer Verlag, 2007

Unsere Sinne sind Aspekte des Körperlichen. Sie sind die Wege, über die Lernen stattfindet. Wenn die Sinne ausreichend geschult, gesund, stark, verlässlich und voll funktionsfähig sind, kann erfolgreiches Lernen stattfinden.

Erst wenn die Informationen und Impulse durch die Sinne das Gehirn ungestört erreichen, kann der Lernstoff adäquat verarbeitet und genutzt werden und das fördert die Intelligenz.

## DAS TRAINING DER SINNE

Bei der immensen Bedeutung, die die Sinnenfähigkeit für das Lernen hat, lag es nahe einen körpertherapeutischen Ansatz zu entwickeln, der die passive und aktive Sinnesfähigkeit eines Menschen schult.

Ich entwickelte eine Übung, mit der die allgemeine und spezifische Sinnenfähigkeit geschult wird. Sie ist nach qualifizierter Anleitung eigenverantwortlich und selbstständig nutzbar. Sie ist für Kinder ab dem Vorschulalter (~ 4 Jahre), für Jugendliche und für Erwachsene sowohl in Gruppen, als auch in individueller Lernförderung oder in der Therapie einsetzbar.

Die Übung besteht in einem Training der Sinne, welches in fünf Stufen stattfindet.

**1. Stufe:** allgemeines körperliches Training der Sinne
**2. Stufe:** spezifisches körperliches Training der Sinne
**3. Stufe:** allgemeines körperliches Training plus mentales Training der Sinne
**4. Stufe:** spezifisches körperliches Training plus mentales Training der Sinne
**5. Stufe:** spezifisches körperliches Training plus fähigkeits- und altersadäquates Training der Sinne.

Die Übung arbeitet mit Muskelanspannung. Deswegen bitte ich Sie folgende Hinweise auf jeden Fall zu beachten: Übende mit Schwierigkeiten oder sogar Schmerzen in der Wirbelsäule (beispielsweise KiSS– Syndrom) sollten die Übung mit Bedacht kennenlernen und ausführen. Im Zweifelsfall ist ein medizinische/r Fachmann/Fachfrau vorab zu konsultieren.

## Die erste Stufe der Übung
### Das allgemeine körperliche Training

Ziele: Mehr Bewusstsein für die Sinne, Training der Muskulatur rund um die Sinnesorgane, bessere Durchblutung der Sinnesorgane, bessere Sauerstoffversorgung des Oberkörpers, sich insgesamt mehr spüren.

Die einzelnen Schritte der Übung werden aus einer gemeinsamen Grundhaltung heraus ausgeführt.

Hier ist sie:

1) Stellen Sie sich stabil und mit den Füßen etwas mehr als schulterbreit hin.
2) Verschränken Sie die Finger auf dem Hinterkopf. Die Hände bleiben während der gesamten Übungsdauer hinter dem Kopf verschränkt.
3) Die Arme (Ellbogen) sind gerade links und rechts neben dem Körper abgewinkelt.

Bleiben Sie bitte während der gesamten Übung in der Grundhaltung und fahren dann folgendermaßen fort:

4) Nehmen Sie Ihre **Augen** bewusst wahr und machen Sie die Augen so weit wie möglich auf.
5) Spannen Sie Ihre **Nase** an, blähen Sie Ihre Nüstern so

weit Sie können. Nehmen Sie Ihre Nase und Nasennebenhöhlen bewusst wahr. Atmen Sie durch die Nase ein und aus. (Während Sie die Augen weit offen und in Ihrem Bewusstsein halten.)

6) Nehmen Sie Ihre **Ohren** mit den Gehörgängen und dem Innenohr bewusst wahr und spannen Sie die Muskulatur an[16]. (Während Sie Augen und Nase bewusst weit offen halten und durch die Nase atmen.)

7) Öffnen Sie den **Mund** so weit Sie es können, stecken Sie die Zunge gerade aus dem Mund heraus. Spannen Sie die Muskulatur im Mund- und Halsbereich an. (Während Sie die Augen bewusst weit offen halten, durch die Nase atmen und Ihre Ohren offen halten.)

8) Verbleiben Sie in dieser Haltung eine kurze Zeit.

9) Dann atmen Sie tief durch und beenden die Übung langsam.

10) Empfehlung: Bleiben Sie noch einige Zeit stehen, lassen Sie die durch die Übung ausgelösten Empfindungen nachwirken.

Diese Übung bitte mit Konzentration und Spaß solange ausführen (Tage, Wochen), bis sie leicht fällt. Sie sollte keine besondere Anstrengung mehr erfordern.

Diese Übung sollte nur dann praktiziert werden, wenn man Lust dazu hat (wenn der Schüler / die Schüler sie machen möchte(n)).

Jegliche Art des Drucks oder der extrinsischen Motivation ist kontraproduktiv. Der Grund ist in der zunehmenden Befähigung (Sensibilisierung) der Sinne zu finden. Dies ist für sehr viele Menschen befremdlich. Man braucht Zeit, um sich an das Neue zu gewöhnen, es zu integrieren und auszuprobieren.

Außerdem braucht die Muskulatur, die vielleicht noch nie auf diese Art und mit dieser Bewusstheit bewegt wurde, eine Gewöhnungszeit, wie jeder untrainierte Muskel, wenn er bewusst wieder „in Betrieb" genommen wird. (Muskelpartien und Sinnesorgane, die sich gegen das Training mit

---

16 Mir ist bekannt, dass das Ohr selbst keine Muskeln hat. Die Muskelspannung geschieht „rund ums Ohr".

geringer Bewegungsfähigkeit und nicht eintreten wollender Bewusstwerdung „sträuben", sind sehr wahrscheinlich die Bereiche, in denen die Manifestationen genetischer Schwächen, von Krankheiten, Unfällen und/oder sozialer Bedingungen stark ausgeprägt sind.)

So ausgeführt ist diese erste Stufe der Übung ausgezeichnet mit einer Gruppe und sogar auch im Klassenverband ausführbar.

Die erste Stufe der Übung sollte immer in der Reihenfolge: Arme/Schultern (das ist das Einnehmen der Grundhaltung), **Augen, Nase, Ohren, Mund** ausgeführt werden, da man sich diese Reihenfolge „von oben nach unten" gut merken kann.

Mit der Grundhaltung werden zunächst einmal die Muskeln in Hand-, Arm-, Schulter- und Nackenbereich angesprochen. Hier sind auch schon bei Kindern starke Verspannungen angesiedelt. Mit der Grundhaltung wird der Brustbereich gedehnt. Die Atmung vertieft sich, der Organismus bekommt mehr Sauerstoff, der ins Blut gelang und eine bessere Versorgung des ganzen Menschen möglich macht. Durch die Haltung erhöht sich auch das Bewusstsein im Oberkörper.

Durch die Muskelkontraktion, die im Laufe der ersten Stufe der Übung die gesamte Kopfmuskulatur umfasst, wird mit der Zeit und mit der Dauer des Übens eine relevante Stärkung und Sensibilisierung der Sinnesorgane erreicht. Bisher disharmonisch arbeitende oder auch relativ brachliegende Muskeln, wie hinter den Augen und um die Ohren herum, werden bewusster und können genutzt werden. Der Kopf in seiner Gesamtheit und die einzelnen Sinnesorgane im Einzelnen werden besser durchblutet und in der Folge mit Sauerstoff versorgt. Eine bessere Funktionsfähigkeit der Kopf- und Brustorgane ist zudem durch die tiefere Atmung vorprogrammiert.

Nach den ersten Übungseinheiten können Sie eine spürbare Erstverbesserung als kurzfristigen Effekt wahrneh-

36

men. Mit andauerndem Üben erreichen Sie eine anhaltend bessere Versorgung von Kopf und Oberkörper.

Zudem werden die Muskeln und die Funktionen der Sinnesorgane durch die Kontraktionen körperlich trainiert und ausgebildet. Die Wahrnehmungs- und Empfindungsfähigkeit der Sinne wird präsenter.

Das sind unabdingbare körperliche Voraussetzungen für ein besseres Lernen.

## Die zweite Stufe der Übung
### Das spezifische körperliche Training der Sinne

Ziele: Training zur Bewusstheit der Sinnesorgane, bessere Durchblutung, bessere Sauerstoffversorgung der einzelnen Sinne, bewusstere Wahrnehmung des jeweiligen Sinnesorgans.

In dieser Stufe der Übung wird die Muskulatur der einzelnen Sinnesorgane separat trainiert. Damit ist das Training gezielter und für das einzelne Organ effektiver. Die erreichbare Effektivität ist natürlich abhängig von der Ausgangssituation der Sinnesmuskulatur und der Beständigkeit des Übenden.

Die Grundhaltung Punkt 1) bis 3) wird wie in der ersten Stufe eingenommen. Danach werden die Übungen für die einzelnen Sinnesorgane, ohne dass eine feste Reihenfolge empfohlen wird, nach Lust und Bedarf ausgeführt.

Die Übung beginnt wie die der ersten Stufe.

1) Stellen Sie sich stabil und mit den Füßen etwas mehr als schulterbreit hin.

2) Verschränken Sie die Finger auf dem Hinterkopf. Die Hände bleiben während der gesamten Übungsdauer hinter dem Kopf verschränkt.

3) Die Arme (Ellbogen) sind gerade links und rechts neben dem Körper abgewinkelt.

Bleiben Sie zunächst in dieser Haltung. Nehmen Sie bewusst wahr, welche Muskeln Sie für diese Haltung brauchen. Atmen Sie bewusst und mit bewegtem Oberkörper tief ein und aus.

Eventuell verändert sich die Armhaltung „wie automatisch". Sollte dies der Fall sein, korrigieren Sie die Haltung und bringen Sie Ihre Arme wieder in die Ursprungshaltung zurück.

Tipp: nehmen Sie die Haltung der Arme bewusst wahr.

Die Grundhaltung nehmen Sie bei jeder Übung ein. Das spezifische Sinnentraining baut darauf auf. Zudem ist sie ein ausgezeichnetes Mittel gegen den „Schildkrötenrükken". Man kann tiefer durchatmen, weil der Brustkorb geweitet wird. Das Herz hat mehr Platz. Das wichtigste ist jedoch, dass das Zwerchfell, das im allgemeinen angespannt ist, bewegt und gedehnt wird.

Auf die Dauer kann die Grundhaltung zu einer selbstbewussteren, aufrechteren inneren wie äußeren Haltung führen. So erzeugen Sie die notwendige körperliche Spannung und die mentale Aufmerksamkeit für das Folgende.

Bleiben Sie während der gesamten folgenden Übung in der Grundhaltung.

Wenn Sie die Grundhaltung korrekt eingenommen haben, nehmen Sie Ihre **Augen** bewusst wahr und machen Sie die Augen so weit wie möglich auf. Reißen Sie die Augen auf, wenn nötig.

Spüren Sie wie Sie die Augenbrauen und Stirnmuskeln hochziehen, wie sich Ihr Gesicht verändert. Gibt es einen spürbaren Unterschied zwischen dem linken und rechten Auge?

Nehmen Sie alles rund ums Auge und alles, was Ihnen möglich ist, auch hinter dem Augapfel wahr.

Eventuell verändert sich „wie automatisch" die Muskelspannung rund ums Auge. Sollte dies der Fall sein, korrigieren Sie die Muskelspannung und bringen Sie Ihre Augenmuskulatur wieder in die Ursprungshaltung zurück. Machen Sie die Übung so lange es Ihnen angenehm ist. Dann entspannen Sie langsam Ihre Augenmuskeln. Lassen Sie die Übung nachwirken, wenn Sie es wollen.

Spannen Sie Ihre **Nase** an, blähen Sie Ihre Nüstern so weit Sie können auf.
Nehmen Sie Ihre Nase, Ihre Nasennebenhöhlen und vielleicht sogar Ihre Stirnhöhle bewusst wahr. Atmen Sie kräftig durch die Nase ein und aus.
Ihre Augen sind entspannt, die Konzentration ist ausschließlich auf den Nasenbereich gerichtet.

Machen Sie die Übung so lange es Ihnen angenehm ist. Dann entspannen Sie langsam die Muskeln rund um die Nase. Lassen Sie die Übung nachwirken, wenn Sie es wollen.

Spannen Sie die Muskeln rund um Ihre **Ohren**, Ihr Innenohr und die Gehörgänge an.
Versuchen Sie es auch dann, wenn Sie meinen dies nicht zu können. Sie können es, Sie sind nur untrainiert.
Nehmen Sie Ihre Ohren mit dem Innenohr und den Gehörgängen links und rechts bewusst war und spannen Sie diese an.

Machen Sie die Übung so lange es Ihnen angenehm ist. Zum Ende der Übung entspannen Sie langsam Ihre Muskeln rund ums Ohr. Lassen Sie die Übung so lange nachwirken, wie es Ihnen angenehm ist.

Öffnen Sie den **Mund** so weit Sie können, spannen Sie alle Muskeln, die im Mundbereich sind, an, strecken Sie die Zunge gerade aus dem Mund heraus.
Spüren Sie Ihre Kaumuskeln rechts und links, die Spannung in den Wangen, im Kinn, an den Lippen, strecken

Sie die Zunge bewusst geradeaus. Spannen Sie auch den Rachenraum an. Spüren Sie wo die Spannung ist.

Machen Sie die Übung so lange es Ihnen angenehm ist. Zum Ende der Übung entspannen Sie langsam Ihre Muskeln im und um den Mund. Lassen Sie die Übung nachwirken, wenn Sie es wollen.

Selbstverständlich können Sie die Anspannung der Sinne auch kombinieren.
**Augen < > Ohren; Augen < > Mund/Rachen, Hals; Ohren < > Nase.**

Das sind Übungen, die ein etwas höheres Maß an Konzentration und Bewusstsein verlangen. So kann aber auch die Koordinationsfähigkeit zwischen den Sinnen trainiert werden, was sich sicherlich ebenso lernfördernd auswirken kann. Die Übungen können und sollen, neben dem Ernst des Zieles, auch Spaß machen.
Das Training der Sinne wird an dieser Stelle erweitert. Es kommt eine weitere Übung hinzu, die nicht in der vorherigen Stufe enthalten ist.
Das Ziel ist die erhöhte Aufmerksamkeit, klarere und sensiblere Erlebnisfähigkeit und bessere Unterscheidungsfähigkeit im Empfinden.
Sie beginnen, wie bei allen bisherigen Übungen, mit der Grundhaltung.

Grundhaltung: Stellen Sie sich, wie gehabt, stabil und mit den Füßen, etwas mehr als schulterbreit auseinander, hin. Verschränken Sie die Finger auf dem Hinterkopf. Die Hände bleiben während der gesamten Übungsdauer hinter dem Kopf verschränkt. Die Arme (Ellbogen) sind gerade links und rechts neben dem Körper abgewinkelt.

Spannen Sie nun den gesamten **Körper** an. Wenn es für Sie machbar ist, spannen Sie alle Muskeln gleichzeitig, jedoch ohne Ruck, an. Sollte das zu schwierig sein, spannen Sie alle Muskeln, die Ihnen in den Sinn kommen, nacheinander und schließlich miteinander an.

Machen Sie die Übung so lange es Ihnen angenehm ist. Zum Ende der Übung entspannen Sie langsam alle Muskeln. Lassen Sie die Übung nachwirken so lange Sie wollen und es Ihnen angenehm ist.

## Die dritte Stufe der Übung
### Allgemeines körperliches Training plus mentales Training der Sinne

Nun kommen wir zu einer anspruchsvollen Stufe des Trainings für die Sinne. Die Funktion des jeweiligen Sinns und das Gefühl für den Sinn und für sich als ganze Person werden ins Bewusstsein gebracht und trainiert.

Ziele: Die Sinne werden in ihrer Gesamtheit und Zusammenarbeit gestärkt. Die taktile, visuelle, akustische, olfaktorische und gustatorische Sensibilität werden erhöht.

Die Abfolge der Kontraktionen ist die gleiche, wie in der ersten Stufe der Übung. Die Muskulatur wird gespannt und hinzu kommt:

Alle Sinne werden nacheinander *mental* geöffnet. Sie werden während der Dauer der Übung körperlich gespannt und mental offen gehalten.

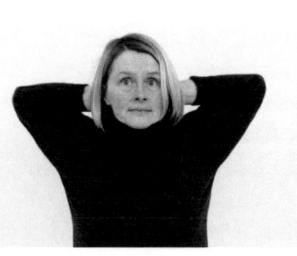

1) Stellen Sie sich stabil und mit den Füßen etwas mehr als schulterbreit hin.

2) Verschränken Sie die Finger auf dem Hinterkopf. Die Hände bleiben während der gesamten Übungsdauer hinter dem Kopf verschränkt.

3) Die Arme (Ellbogen) sind gerade links und rechts neben dem Körper abgewinkelt.

4) Nehmen Sie Ihre **Augen** bewusst wahr und machen Sie die Augen körperlich und mental so weit wie möglich auf.

5) Nehmen Sie Ihre **Nase** und die Nasennebenhöhlen bewusst wahr. Atmen Sie durch die Nase ein und aus. Öffnen Sie die Nase körperlich und mental. (Während Sie die Augen körperlich und mental weit offen halten.)

6) Nehmen Sie Ihre **Ohren** mit den Gehörgängen und dem Innenohr bewusst wahr und öffnen Sie diese mental. (Während Sie die Augen bewusst weit offen halten und die Nase ebenfalls.)

7) Öffnen Sie den **Mund** so weit Sie es können, stecken Sie die Zunge gerade aus dem Mund heraus. Spannen Sie die Muskulatur von Mund und Rachenraum an und öffnen Sie diesen Bereich gleichzeitig mental (während Sie die Augen bewusst weit offen halten, durch die Nase atmen und Ihre Ohren körperlich und mental offen halten.)

8) Bleiben Sie in dieser Schlusshaltung noch kurze Zeit stehen oder so lange wie es angenehm ist.

9) Atmen Sie tief durch und beenden Sie mit einer langsamen Bewegung die Übung.

10) Der Übung nachspüren und sie nachwirken lassen.

## Die vierte Stufe der Übung
### Spezifisches körperliches Training plus mentales Training der Sinne

Nun trainieren wir wieder die einzelnen Sinnesorgane. Diese Strategie ist Ihnen schon aus der zweiten Übungsstufe bekannt.

Hinzu kommt, dass die Sinnesfähigkeiten mit ihrer prinzipiell-inhaltlichen Funktion zielgerichtet angesprochen werden.

Die Grundhaltung Punkt 1) bis 3) wird bei jeder Übung eingenommen. Ansonsten werden die Übungen nach Bedarf ausgeführt.

Es wird spürbar, dass „es" durch die einzelnen Organe/Sinne von innen nach außen und außen nach innen fließt.

Ziele: Training der muskulären Bewusstheit der Sinnesorgane, bessere Durchblutung, bessere Sauerstoffversorgung der einzelnen Organe, Verbesserung der Organfunktionen, bewusstere Wahrnehmung der Sinne, „reinigen" der Sinne. In dieser Stufe wird die spezielle Muskulatur der einzelnen Sinnesorgane separat trainiert und geöffnet.

Wie gut die Fähigkeit ausgebaut ist, ist natürlich abhängig von der Ausgangssituation der Sinnesmuskulatur des Übenden, sie ist aber auch abhängig von dem in der ersten und zweiten Stufe erlangten Können und der erlangten Sensibilität.

Die Übung beginnt mit der Grundhaltung.

1) Stellen Sie sich stabil und mit den Füßen etwas mehr als schulterbreit hin.

2) Verschränken Sie die Finger auf dem Hinterkopf. Die Hände bleiben während der gesamten Übungsdauer hinter dem Kopf verschränkt.

3) Die Arme (Ellbogen) sind gerade links und rechts neben dem Körper abgewinkelt.

Bleiben Sie während der gesamten Übung in der Grundhaltung.

Nehmen Sie nun Ihre **Augen** bewusst wahr und machen Sie die Augen so weit wie möglich auf.

Reißen Sie die Augen auf, wenn nötig. Spüren Sie, wie

Sie die Augenbrauen und Stirnmuskeln hochziehen, wie sich Ihr Gesicht verändert.

Gibt es einen empfundenen Unterschied zwischen dem linken und rechten Auge?

Nehmen Sie alles rund ums Auge und alles, was Ihnen möglich ist, auch hinter dem Augapfel wahr.

Eventuell verändert sich „wie automatisch" die Muskelspannung rund ums Auge. Sollte dies der Fall sein, korrigieren Sie die Muskelspannung und bringen Sie Ihre Augenmuskulatur wieder in die Ursprungshaltung zurück.

Hinzu kommt:

Spüren Sie, wie „es" durch Ihre weit geöffneten Augen von innen nach außen und von außen nach innen fließt.

Mit der Zeit wird dieser Vorgang automatisch erlebt. Lassen Sie es geschehen.

Machen Sie die Übung so lange es Ihnen angenehm ist. Dann entspannen Sie langsam Ihre Augenmuskeln. Lassen Sie die Übung nachwirken, wenn Sie es wollen.

Spannen Sie Ihre **Nase** an, blähen Sie Ihre „Nüstern" so weit Sie können auf.

Nehmen Sie Ihre Nase, Ihre Nasennebenhöhlen und vielleicht sogar Ihre Stirnhöhle bewusst wahr. Atmen Sie kräftig durch die Nase ein und aus.

Ihre Augen sind entspannt, die Konzentration und die Spannung sind ausschließlich im Nasenbereich.

Hinzu kommt:

Spüren Sie, wie nicht nur die Luft, sondern auch „es" durch Ihre Nase von innen nach außen und von außen nach innen fließt.

Machen Sie die Übung so lange es Ihnen angenehm ist. Dann entspannen Sie langsam Ihre Muskeln. Lassen Sie die Übung nachwirken, wenn Sie es wollen.

Spannen Sie die Muskulatur rund um Ihre **Ohren** und Ihr Innenohr mit den Gehörgängen an.

Versuchen Sie es auch dann, wenn Sie meinen dies nicht zu können. Das stimmt nicht, Sie können es, Sie sind nur untrainiert. Nehmen Sie Ihre Ohren mit dem Innenohr und den Gehörgängen links und rechts bewusst war und öffnen Sie diese.

Hinzu kommt:

Lassen Sie „es" mental durch Ihr Ohr von innen nach außen und von außen nach innen fließen.

Vielleicht haben Sie sogar den Eindruck, Ihr Ohr würde auf diese Art durch geputzt und gereinigt.

Machen Sie die Übung so lange es Ihnen angenehm ist.

Zum Ende der Übung entspannen Sie langsam Ihre Muskeln. Lassen Sie die Übung nachwirken, wenn Sie es wollen.

Öffnen Sie den **Mund** so weit Sie können, spannen Sie alle Muskeln, die im Mundbereich sind an, stecken Sie die Zunge gerade aus dem Mund heraus.

Spüren Sie Ihre Kaumuskeln rechts und links, die Spannung in den Wangen, im Kinn, den Lippen, strecken Sie die Zunge bewusst geradeaus. Spannen Sie auch den Rachenraum an.

Spüren Sie wo die Spannung nun überall ist.

Hinzu kommt:

„Es" geht mental durch Ihren Mund hinein und wieder hinaus. Genehmigen Sie sich dieses Erleben.

Machen Sie die Übung so lange es Ihnen angenehm ist.

Zum Ende der Übung entspannen Sie langsam Ihre Muskeln. Lassen Sie die Übung nachwirken, wenn Sie es wollen.

Das Training dieser Stufe wird durch eine zusätzliche Übung erweitert.

Sie kennen die Grundhaltung schon:

1) Stellen Sie sich wie gehabt stabil und mit den Füßen

etwas mehr als schulterbreit hin.

2) Verschränken Sie die Finger auf dem Hinterkopf. Die Hände bleiben während der gesamten Übungsdauer hinter dem Kopf verschränkt.

3) Die Arme (Ellbogen) sind gerade links und rechts neben dem Körper abgewinkelt

Spannen Sie nun den gesamten **Körper** an. Wenn es für Sie machbar ist, spannen Sie alle Muskeln gleichzeitig, doch ohne Ruck an.

Sollte das zu schwierig sein, spannen Sie alle Muskeln, die Ihnen in den Sinn kommen nacheinander und schließlich miteinander an.

Hinzu kommt:

Spannen Sie jeden Muskel an, spüren Sie sich ganz von oben bis unten und das auch noch gleichzeitig.

Machen Sie die Übung so lange es Ihnen angenehm ist. Zum Ende der Übung entspannen Sie langsam alle Ihre Muskeln. Lassen Sie die Übung nachwirken, so lange Sie wollen und es Ihnen angenehm ist.

Das Training braucht Zeit, hat aber den unschlagbaren Vorteil, dass Sie lernen können sich von oben bis unten wahrzunehmen.

Es liegt auf der Hand: Wer trainierte, unbelastete Sinne hat, hat einen besseren Realitätskontakt, kann sich und seine Interessen besser wahrnehmen, hat einen klareren Input und einen besseren Output. Er fühlt sich wohler. Wahrscheinlich ist er in sich sicherer und selbstbewusster.

Das sind wünschenswerte und zugleich ausgezeichnete Voraussetzungen um besser lernen zu können.

Durch die Veränderungen des Zustands der Sinne, bringen die Übungen Auseinandersetzungen und vielleicht auch Stress mit sich. Die erhöhte Sensibilität muss kennengelernt, verarbeitet und in das tägliche Erleben und Leben integriert werden. Das braucht Zeit. Die damit verbundene Anforderung und Reibung muss nicht immer angenehm sein, doch ist sie grundsätzlich positiv zu bewerten.

Muskeln und ganze Muskelpartien werden besser durchblutet und manche erst „wieder in Betrieb" genommen. Dieser Zustand ist mit dem eines Menschen zu vergleichen, der ein Bein gebrochen hatte, längere Zeit bettlägerig war und nun langsam wieder die Muskeln reaktiviert und die Bewegungen trainiert. Das wird anstrengend und fordernd sein und bedarf einer gewissen Beständigkeit, Zuverlässigkeit und natürlich auch Willensstärke.

So verhält es sich auch mit dem Sinnestraining. Manche Sinne lassen sich leichter aktivieren/reaktivieren und bei anderen scheint es zunächst beinahe aussichtslos zu sein. Bleiben Sie bei der Stange. Der Erfolg ist Ihnen gewiss. Wie oft und in welchem Zeitraum die Übungen praktiziert werden sollten, um einen nicht nur spürbaren sondern auch nachhaltigen Erfolg zu erzielen, ist von unterschiedlichen Faktoren abhängig.

In welcher Verfassung ist der Übende?
Wie jung/ alt ist der Übende?
Welche Erfahrung hat er mit Erfolg und Misserfolg?
Wie verständlich und motivierend ist die Anleitung?
Was möchte/sollte er erreichen?
Wie ist die Motivationslage?
Wie groß sind die subjektiven wie objektiven Widerstände?
Bekommt der Übende Unterstützung von weiteren Personen?
Macht die Übung Spaß oder wird sie als Pflicht und Belastung erlebt?

Unsere Erfahrung ist, dass mit einer individualisierten, motivierenden (Spaß machenden) Anleitung und Unterstützung durch einen Dritten meist ausreichend förderliche Bedingungen geschaffen sind, um einem Übenden über die Hindernisse dieser Übung hinweg zu helfen.

Eine zwei- bis dreimalige Übungssequenz von wenigen Minuten in der Woche (reine Muskelanspannung + Mentalübung) ist ausreichend, um einen nicht überfordernden Weg mit spürbar nachhaltigem Erfolg zu gehen.

Als Erfolg der vierten Stufe halte ich verlässlichere Sinnesfunktionen, eine erlebbar verbesserte Lebensqualität, mehr und ruhigeres Interesse für die Dinge im Außen, mehr Leistungswillen, Lebensmut, verbesserte Körperhaltung (Atmung, Wirbelsäule) und eine entspanntere allgemeine Aufmerksamkeit für machbar und möglich.

**Wichtig:**
Die Übung bringt eine starke Muskelanspannung mit sich. Sie sollte deswegen von niemand ausgeführt werden, der Schwierigkeiten oder sogar Schmerzen in der Wirbelsäule, insbesondere in der Halswirbelsäule, hat. Sie sollte auch nicht nach Operationen oder bei Schwindelerleben und offenen Wunden, wiederum insbesondere in der Schulter- und Kopfregion, ausgeführt werden. Bei hohem Blutdruck, Gefäßerkrankungen und in jedweden anderen Zweifelsfällen empfehle ich zur Stellungnahme eine/n Fachmann/frau zu konsultieren.

Die Übung sollte nur dann praktiziert werden, wenn der Übende sie ausführen möchte. Bis zur vierten Stufe kann das Training natürlich auch als allgemeine Stärkung der Sinne - als Therapie der Sinne - eingesetzt werden.

Das Training ist für Menschen konzipiert, die besser sehen, hören, schmecken, riechen und vor allen Dingen spüren wollen.

Das Training ist für Menschen gedacht, die mehr vom Leben haben wollen und besser genießen möchten. Es ist auch für Menschen, die sinnlicher leben möchten.

Das Training soll zur Verbesserung der basalen Lern- und der darauf aufbauenden Intelligenzfähigkeit dienen, denn: Intelligenz ist machbar.

Diese Übungen sind psycho- wie körpertherapeutisch einsetzbar. Traumata, die sich in den Sinnen realisiert haben, können mit Hilfe der Übung angesprochen, bearbeitet und schließlich gelöst werden.

Unpässlichkeiten, psychosomatische Tendenzen, psychosomatische Erkrankungen wie z. B. Sprachhemmungen und -blockierungen, können sich mit Hilfe der Übung lösen. Das Sehvermögen kann sich verbessern, das Verhältnis zur Umwelt und die Ich-Abgrenzung kann eindeutig positiv beeinflusst werden. Themen, die für viele Menschen eine existenzielle Bedeutung haben wie Selbstsicherheit und Selbstausdruck, werden durch die eintretende körperliche Entspannung[17], die psychische Entschlackung und die damit einhergehende Sensibilisierung und Stabilisierung aller Sinne trainiert.

Dies gilt für Kinder und Erwachsene gleichermaßen.

Für die nächste Stufe gilt:
Die Übungen sollten nur von in dieser Methode ausgebildeten Kräften körper- und/oder psychotherapeutisch eingesetzt werden. Das Lesen dieses Buchs ist keine ausreichende Vorbereitung auf den therapeutischen Einsatz der Übungen.

## Die fünfte Stufe der Übung
**Spezifisches körperliches Training plus fähigkeits- und altersadäquates schreib-/ lese-/ rechenspezifisches Training**

Nun komme ich zur zielgerichteten lerntherapeutischen Intervention, zur Verbesserung der Lese-, Schreib- und Rechenfähigkeit.

Die schon bekannte Übung dient als Grundlage für Trainingseinheiten, die genau auf das Bedürfnis des Übenden abgestimmt werden. Es werden die Sinnesfunktionen mit konkreten Übungen aus einem Lernbereich verbunden.

---

17 Das Ziel ist der sog. gesunde, mittlere Tonus. Der Übende erlebt zunächst die in der Muskulatur vorhandene (Über)Spannung. Mit Fortdauer des Übens tritt Entspannung ein. Das Spannungs-/Entspannungspendel orientiert sich mit der Zeit am mittleren Tonus, der individuell zu bewerten ist.

Diese Stufe der Übung wird dann eingesetzt[18], wenn die Sinne durch das Üben der vorherigen Stufen schon ausreichend gestärkt sind. Die Übung ist für Kinder im Vorschulalter, zum audiovisuellen Training, genauso einsetzbar, wie für den normalen Schüler, den Schüler mit Problemen, den Erwachsenen, der Schwierigkeiten mit dem Lesen, Schreiben und Rechnen hat.
Die Anforderungen sind sensibel und differenziert auf den Übenden abzustimmen.

Das gesamte therapeutische Vorgehen ist ausgesprochen differenziert und wird für den einzelnen Klienten modifiziert eingesetzt. Um die Möglichkeiten der Technik adäquat handhaben zu können, bedarf es der qualifizierten Ausbildung in dieser Methode.
Hier beschreibe ich Ihnen eine einfache Version des Umgangs mit der fünften Stufe der Übung, wie sie in therapeutischen Situationen mit Erwachsenen genutzt werden kann[19]:

1) Gehen Sie in die Grundhaltung, wie oben beschrieben.

2) Öffnen Sie Ihre Augen weit.

3) Lassen Sie vor Ihrem inneren Auge Buchstaben oder Buchstabenkombinationen oder Worte entstehen.

4) Sollte dies nicht möglich sein, können auch einfache oder differenzierte Symbole genutzt werden.

5) Sollte dies ebenfalls zu schwierig seien, können Gegenstände des täglichen Lebens vor dem inneren Auge erscheinen. Oder:

6) Man kann ein formal oder inhaltlich problematisches Wort entstehen lassen und in dieser Haltung mit den Sinnen erleben.

7) Man kann ein problematische Thema (vom Waschzwang bis hin zur Beziehungsthematik) benennen und in und durch die Sinne gehen lassen.

18 Diese Stufe ist für Einzelsituation / Kleingruppensituation geeignet.

19 Vorausgesetzt, der Erwachsene hat die persönliche Verarbeitungsfähigkeit, die bei dieser Technik, therapeutisch eingesetzt, notwendig ist.

8) Man kann sich (mehrmals hintereinander und über Wochen hinweg) eine Tonfolge vorspielen, oder sie sich vorspielen lassen und sie dann visualisieren, hören, schmecken und fühlen.

9) ...

10) ...

Klärende und helfende Fragen und Aufgaben für den Übenden können, je nach Lernschwäche, therapeutisch wichtigem Thema oder aktiviertem Sinnesorgan, sein:

- Können Sie dieses Wort / den Gegenstand / den Ton sehen?
- Können Sie dieses Wort / den Gegenstand / den Ton hören?
- Können Sie dieses Wort / den Gegenstand / den Ton in sich sprechen?
- Können Sie dieses Wort / den Gegenstand / den Ton riechen?
- Können Sie dieses Wort / den Gegenstand / den Ton spüren?

Dies ist eine Auswahl von verstärkenden und klärenden Fragen und unterstützenden Strategien.

Nach jeder Übung entspannen Sie sich und lassen sie nachklingen.

Machen Sie die Übung so lange, bis Sie sich sicher sind, dass Sie die Buchstaben/das Wort/den Gegenstand/das Thema/die Aufgabe ohne Anstrengungen vor dem inneren Auge oder - analog dazu - in und mit dem jeweiligen Sinnesorgan wahrnehmen oder präsentieren können.

Subjektiv besteht die Verbesserung darin, dass man sich des Buchstabens, des Wortes, des Satzes, des Themas sicherer wird. Die objektive Verbesserung besteht darin, dass z. B. Lesen und Schreiben besser, sprich leichter und erfolgreicher zu bewältigen ist.

Für Schüler besteht das Ziel einerseits darin, das schulische und soziale Leben zu vereinfachen, und andererseits darin, die Leistungen und damit auch die Schulnoten sichtbar, erlebbar und dauerhaft zu verbessern.

Bei therapeutischem Einsatz ist das Ziel der Übung, durch kräftigere Sinnesorgane die Realitäten und Ereignisse besser abschätzen zu können sowie sich selbst in bestimmten Situationen offener, direkter und zielgerichteter zu verhalten.

Wie diese Übung differenziert einzusetzen ist, wie sie hilfreich und zielführend angewandt werden kann, lernt man in einer Ausbildung, für die ich hier ausdrücklich plädiere, bevor man diese Technik psycho- oder körpertherapeutisch nutzt.

## Der kreative und unkonventionelle Einsatz der Übung

Man kann Aspekte der Übungen entsprechend seiner Situation oder seiner Zielsetzung nutzen.

Ich stelle mir vor, Sie sitzen am Flughafen und haben noch einige Zeit bis zum Abflug. Sie trauen sich nicht in die Haltung zu gehen, möchten aber die Sinne trainieren.

Dann besteht die Möglichkeit, die Augen ins Bewusstsein zu nehmen und, ohne die Übung körperlich auszuführen, die Energie zwischen Außen und Innen hin und her fließen zu lassen.

Ebenso können Sie mit den Ohren, mit dem Mund und auch mit der Nase verfahren. Das bringt zwar nicht den starken Effekt der Hauptübung, doch führt es mit großer Wahrscheinlichkeit zu einer Verbesserung der Organtätigkeit.

Und die Zeit ist für etwas Gutes genutzt.

Es gibt eine weitere Möglichkeit, die Übungen spezifisch für muskuläre und funktionelle Augenprobleme zu nutzen.

Nehmen Sie die Grundhaltung ein und spannen Sie Ihre Augenpartie wie in der Übung beschrieben an.

Anstatt die Muskulatur um die Augen nur anzuspannen,

rollen, drehen und bewegen Sie die Augen so, wie es Ihnen angenehm ist. So eingesetzt kann die Übung zu einer Rundumentspannung der Augen führen[20].

Bewegen Sie Ihre Augen in der Form einer liegenden Acht, wie es in der Kinesiologie vorgeschlagen wird. Dann können Sie, so sagt man in der Kinesiologie, mit einer verbesserten Koordination der Gehirnfunktionen rechnen.

Viele Spannungen, die den ganzen Menschen betreffen, sind in den Augen fokussiert. Der psychodynamische Zusammenhang kann der sein, dass man versucht, die Welt mit den Augen fest zu halten oder zu beherrschen. Das ist ein Phänomen, das meist seinen Ursprung im Becken, sein Zentrum im Denken hat und in den Augen seinen Ausdruck findet. Sind die Augenmuskeln gelöster, lösen sich wahrscheinlich auch andere, korrespondierende Verspannungen.

Dies ist möglich, weil der Mensch ein System ist, in dem das Eine mit dem Anderen verkettet ist. Wenn man an der einen Stelle etwas ändert, kann man an einer anderen Stelle eine Reaktion erwarten.

Die Augen sind entwicklungsgeschichtlich betrachtet, Verlängerungen des Gehirn und direkt im Gehirn verankert. Man kann bei dieser Augenübung in direkter Folge mit einer besseren Durchblutung des Gehirns rechnen.

Die Grundhaltung plus die Anspannung aller möglichen Muskeln lässt sich auch ausgesprochen sinnvoll zur Entwicklung und Regulierung der Empfindungsfähigkeit nutzen.

Der Wichtigkeit halber beschreibe ich sie hier nochmals:

- Stellen Sie sich stabil und mit den Füßen etwas mehr als schulterbreit hin.
- Verschränken Sie die Finger auf dem Hinterkopf. Die Hände bleiben während der gesamten Übungsdauer hinter dem Kopf.
- Die Arme (Ellbogen) sind gerade links und rechts

---

20 Falls Sie Probleme mit Ihren Augen / mit Ihrer Augenmuskulatur haben, konsultieren Sie einen Augenarzt, besprechen Sie mit ihm die Übung und holen seinen Rat ein.

neben dem Körper abgewinkelt. Dies ist besonders wichtig, wenn Sie nur die Grundhaltung nutzen sollten.

• Atmen Sie durch die Nase tief und mit Genuss ein und aus. Atmen Sie bis in den Bauch, so dass sich das Zwerchfell und die inneren Organe mit der Atmung bewegen.

• Spannen Sie nun den gesamten Körper an. Wenn es für Sie machbar ist, spannen Sie alle Muskeln gleichzeitig, doch ohne Ruck an.

Sollte das zu schwierig sein, spannen Sie alle Muskeln, die Ihnen in den Sinn kommen, nacheinander und schließlich miteinander an.

• Machen Sie die Übung so lange es Ihnen angenehm ist.

• Zum Ende der Übung entspannen Sie sich langsam.

• Lassen Sie die Übung nachwirken so lange Sie wollen und es Ihnen angenehm ist.

Mit der Übung können Sie z. B. dem sogenannten Schildkrötenrücken entgegenwirken.

Die Atmung wird, alleine schon auf Grund der Haltung, tiefer und wahrscheinlich auch intensiver.

Die allgemeine Körperhaltung kann mit der Zeit aufrechter werden.

Man kann mit dieser Körperhaltung auch eine psychisch–geistige Haltung beeinflussen und ändern.

Trainieren Sie diese Haltung, dann können Sie damit rechnen mit der Zeit offener, herzlicher und freier „der Welt und anderen Menschen" gegenüber zu stehen.

Ist der Hals / der Nacken / die Lunge / das Zwerchfell / der Solarplexus / der Oberköper verkrampft, hilft diese Haltung die Organe langsam wieder auseinander zu ziehen und in der Folge zu entspannen.

Mit dieser Haltung trainieren Sie auch Ihren Realitätsbezug durch die Verbesserung Ihrer allgemeinen Sensibilität und Aufnahmefähigkeit der Sinnesorgane.

## Das Training der Sinne: Der Überblick

| | **Vorgabe:** | **Lerneffekt:** | **Ziele:** |
|---|---|---|---|
| **Stufe 1:** Das allgemeine Sinnestraining | Augen, Nase, Ohren, Mund nacheinander anspannen und die Spannung halten. | Der Übende lernt durch eine einfache Konzentrationsübung seine Sinne besser kennen. | Mehr Bewusstsein für die Sinne, Training der Muskulatur, bessere Durchblutung des Kopfes und bessere Sauerstoffversorgung des Oberkörpers, sich insgesamt mehr spüren. Der Übende bekommt einen bewussteren Zugang zu seinen Sinnen. |
| **Stufe 2:** Das spezifische körperliche Training | Die Muskulatur der Augen, der Nase, der Ohren, des Mundes und des ganzen Körpers separat und in beliebiger Folge anspannen. | Der Übende lernt durch separate Muskelbewegungen seine Sinne kennen. Training der Muskulatur und der organischen Funktionen der Sinne. | Gezielt bessere Durchblutung, bessere Sauerstoffversorgung der einzelnen Sinnesbereiche, bewusstere Wahrnehmung des einzelnen Sinns. Die Sinne verlieren mit dem Training ihre Über- oder Unterspannung und kommen in einen mittleren Tonus. |

| Stufe 3: | Vorgabe: | Lerneffekt: | Ziel: |
|---|---|---|---|
| Allgemeines körperliches Training plus mentales Training | Die Abfolge der Kontraktionen ist die gleiche wie in der ersten Stufe. Hinzu kommt: Alle Sinne werden nacheinander mental geöffnet und gleichzeitig mental offen gehalten. | Das Gefühl für den einzelnen Sinn und für sich als ganze Person werden verbessert, ins Bewusstsein gebracht und trainiert. | Die Sinne werden in ihrer Gesamtheit und Zusammenarbeit gestärkt. Die taktile, visuelle, akustische, gustatorische und olfaktorische Sensibilität wird erhöht. Das Gefühl für die Sensibilität des jeweiligen Organes und damit der Zugang zur Organfunktion und seine praktische Erlebensfähigkeit werden gestärkt. |

| Stufe 4: | Vorgabe: | Lerneffekt: | Ziel: |
|---|---|---|---|
| Spezifisches körperliches Training plus mentales Training | Nun trainieren wir wieder die einzelnen Sinnesorgane. Diese Strategie ist Ihnen schon aus der zweiten Übungsstufe bekannt. Es wird spürbar, dass die einzelnen Organe / Sinne von innen nach außen und außen nach innen fließt. | Die Sinnenfähigkeiten werden mit ihrer prinzipiell-inhaltlichen Funktion zielgerichtet angesprochen und weiterentwickelt. Auf dieser Stufe wird die spezielle Muskulatur der einzelnen Sinnesorgane wieder separat trainiert. Hinzu kommt eine tiefe Sensibilisierung. | Training der muskulären Bewusstheit der Sinnesorgane, bessere Durchblutung, bessere Sauerstoffversorgung der einzelnen Organe, Verbesserung der Organfunktionen, bewusstere Wahrnehmung der Sinne, „reinigen" der Sinne. Mit dieser Technik wird die Innen – Außen Beziehung trainiert. Der Input – Output wird trainiert, die Bildung und das Erleben der Innen – Außen Verbindung wird möglich. |

Bis zur vierten Stufe kann das Training natürlich auch als allgemeine Stärkung der Sinne - als Therapie der Sinne - eingesetzt werden. Das ist für die Menschen, die besser sehen, hören, schmecken, riechen und vor allen Dingen spüren möchten. Es ist für Menschen, die mehr genießen möchten. Diese Techniken sind auch psycho- und körpertherapeutisch einsetzbar. Traumata, die sich in den Sinnen festgesetzt haben, können mit Hilfe der Übung gelöst und schließlich bearbeitet werden.

57

Unpässlichkeiten, psychosomatische Tendenzen, psychosomatische Erkrankungen, z. B. Sprachhemmungen und -blockierungen können sich mit Hilfe der Übung lösen. Das Sehvermögen kann sich verbessern, das Verhältnis zur Umwelt und die Ich–Abgrenzung kann eindeutig positiv beeinflusst werden. Der psychotherapeutische Einsatz ist überall dort empfehlenswert, wo die Sinne und die Sinnesfähigkeit den therapeutischen Prozess unterstützen. Dies gilt für Kinder und Erwachsene gleichermaßen.

| Stufe 5: | Vorgabe: | Lerneffekt: | Hinweise: |
|---|---|---|---|
| Spezifisches körperliches Sinnestraining plus spezifisches fähigkeits- und altersadäquates Schreib- / Lese-/ Rechentraining | Es werden die stabilisierten und verbesserten Sinnesfunktionen mit konkreten Übungen zum Rechnen, Schreiben und Lesen verbunden. | Besser rechnen, schreiben und lesen. | Die schon bekannte Übung ist die Grundlage für genau auf das Bedürfnis und den Bedarf des/der Übenden (vornehmlich in Einzelsituationen und Kleingruppen einzusetzen) abgestimmte Trainingseinheiten. Die Leistungsanforderungen sind sensibel und differenziert abzustimmen. Das Vorgehen ist je nach Person und (Schul-) Lernanforderungen differenzierbar. Um die Möglichkeiten der Technik adäquat handhaben zu können, bedarf es der qualifizierten Ausbildung. |

# DIE GRENZEN DER ÜBUNG

Eine Grenze dieser Übung ist erreicht, wenn der Übende den Spaß am Üben verliert.

Unsere Methode und hier in erster Linie die Körperübungen sollten mit Spaß, Freude, Hoffnung auf Besserung und Interesse ausgeführt werden. Ist dies nicht (mehr) der Fall, ist eine Grenze erreicht, die durch extrinsische Motivation nicht überwunden werden sollte.

Ich setze diesen Hinweis gleich zu Beginn dieses Kapitels und drücke damit aus, für wie wichtig ich die persönliche Motivation und den Spaß an den Übungen halte.

Es gilt für alle Übenden, gleich ob Kind oder Erwachsener:

*Tu was du willst.*

*Nichts im Übermaß.*[21]

Ein weiterer wichtiger Punkt ist die Beziehung zwischen dem Begleiter/Trainer/Therapeuten einerseits und dem Lernenden andererseits. Der Begleiter sollte dem Lernenden mit der Haltung der liebevollen, unterstützenden Sachlichkeit gegenübertreten. Kindern bis zu einem Alter von acht Jahren und manchmal, dem Entwicklungsstand angemessen, bis rund 14 Jahren, sollte nur unterstützende und nicht kritisierende Motivation gegeben werden. Ab rund acht Jahren können Kinder eine Haltung entwickeln, die auch eine sog. negative Kritik am Üben zulässt.

Akute Erkrankungen der Sinne, Operationen und Schonungsbedürftigkeit sind Kontraindikationen für die körperlichen Übungen.

Wenn ein Mensch körperlich und geistig behindert ist, kann er durchaus die Körperübung nutzen. Hier gilt ganz besonders: Spaß soll´s machen.

Und: Es darf auch mal anstrengend sein.

Manchmal ist der Schulterbereich extrem verspannt oder die Spätfolgen eines schlecht verheilten Knochenbruchs, einer Verletzung oder einer Operationsnarbe stehen dem Training im Wege.

---

21 Teil einer Inschrift über dem Apollotempel in Delphi.

Ich empfehle dennoch und manchmal gerade wegen der objektiv vorhandenen Schwierigkeiten, sich soweit der Grundhaltung zu nähern und das Training des einzelnen Sinnes durchzuführen, wie es körperlich möglich ist.

Eine leicht zu verkennende Grenze ist die Übermotivation und Überanstrengung. Jeder Mensch, gleich welchen Alters, hat ein bestimmtes Quantum an Veränderungsfähigkeit innerhalb einer bestimmten Zeit.

Wird z. B. „Das Training der Sinne" überzogen und damit die Veränderungsfähigkeit überfordert, kann es zu einer Demotivation und zu einer körperlichen Überanstrengung kommen, die zur Überreizung der Sinne führen kann.

Man kann die Übung „Training der Sinne" mit Gruppen und Schulklassen praktizieren. Die Grenze ist dort gegeben, wo der Trainer/Lehrer/Therapeut den Einzelnen nicht mehr im Auge halten und ihn in seiner Körperhaltung unterstützen und korrigieren kann. Der Trainer sollte auch darauf achten, dass der/die Übende das Training nicht übertreibt und ihn in so einem Fall zu einem weniger intensiven Einsatz anhalten.

Mit dieser Übung wird die Sinnenfähigkeit trainiert und die mentalen Verarbeitungsmöglichkeiten von aufgenommenen Informationen verbessert. Das und ein wenig mehr Mut reichen oft aus, um zu einem besseren schulischen und einem besseren allgemeinen Lernerfolg zu kommen. In einigen Fällen ist es zusätzlich notwendig, ein klassisches Lese-, Schreib- und Rechentraining[22] durchzuführen. Das ist dann auf jeden Fall empfehlenswert, wenn größere Wissens- und Fertigkeitslücken zu schließen sind.

---

22 Oft reichen aufgrund der Übungen das Üben mit den Eltern oder der klassische Nachhilfeunterricht aus.

# ALLGEMEINE KÖRPERÜBUNGEN

Weil körperliche Prozesse für das Lernen eine so immense Bedeutung haben, nehmen sie in der Teschler Lernförderung einen zentralen Platz ein. Wir kennen und nutzen drei Arten von Körperübungen, die im Zusammenhang mit Lernprozessen interessant und wichtig sind.

Es sind Übungen,

1. die sich positiv auf das allgemeine Befinden des Menschen auswirken,

2. die eine spezifische Fähigkeit/Voraussetzung zum Lernen fördern,

3. die die basalen Lernfähigkeiten unterstützen.

Eine der wichtigsten Übungen der zweiten Kategorie (die Sinnesstärkungsübung) haben Sie schon kennengelernt.

Gleich stelle ich Ihnen Körperübungen vor, deren Ziel es ist, das allgemeine Klima und das allgemeine Befinden eines Menschen positiv zu beeinflussen. Dann lernen Sie eine Übung kennen, die gezielt auf die Kopfdurchblutung und Verbesserung der Gehirnfunktionen einwirkt. Das ist eine Übung der dritten Art.

Die folgenden drei Körperübungen sind Teil einer Reihe von insgesamt 17 Übungen, die helfen den Menschen in seinen positiven menschlichen Fähigkeiten zu stärken und obendrein noch lernfähiger zu machen.

Die Übungen haben - mit unterschiedlichen thematischen Ausgangspunkten - gemeinsame Ziele:

1. Ziel jeder Übungen ist emotionale Gesundheit und körperliche Fitness.

2. Ziel jeder Übungen ist es, eine gesunde körperliche wie seelisch-geistige Verfassung zu unterstützen.

3. Ziel der Übungen ist ein harmonischer, vitaler, bewusster und wacher Zustand des Menschen und

4. Ziel jeder Übung ist ein kraftvoller, stabiler und ausgeglichener Informationsfluss von Kopf bis Fuß.

Das Prinzip dieser Übungen:

Nicht nur die Gefühle/der Geist drücken sich durch Köperhaltungen und Bewegung aus, sondern der Geist, das Gefühlsleben und die innere Haltung eines Menschen können durch das Einnehmen einer Körperhaltung beeinflusst und letztendlich sogar (aus-)gebildet werden. Das kennen wir aus dem Hatha-Yoga, aus der Gebetshaltung der Christen und Mohammedaner, wie aus der militärischen Erziehung.

Wenn man sich auf einen Stuhl setzt, mit dem Oberkörper nach vorne beugt, die Beine übereinander schlägt und die nun schon reduzierte Atmung bewusst weiter reduziert, dann, so weiß jedes Kind, wird man müde, desinteressiert und es setzt eine deprimierende, deprimierte Stimmung ein. Der Kreislauf sinkt und das Denken fällt schwerer.

Nimmt man eine andere Haltung ein, kann man in der Folge ein anderes Befinden erwarten. Probieren Sie es aus: Stellen Sie sich hin, lächeln Sie, tun Sie so, als ob Sie einen lieben, netten Menschen, den Sie längere Zeit nicht mehr gesehen haben, freundlich begrüßen. Sie stellen fest, dass Ihre Stimmung sich allein durch Ihre freundliche und positive Körperhaltung ändert. Sie wissen, wie wichtig es ist, eine der Situation angemessene Körperhaltung einzunehmen. Es ist klar: Jeder Mensch kann über die Körperhaltung die Stimmung und die Laune konkret und nachhaltig ändern. Dieses Prinzip: „Körperhaltung beeinflusst Körper, Geist und Psyche" habe ich als Ausgangspunkt für diese Übungen genommen. Ich habe zu persönlich wie sozial erstrebenswerten Charaktereigenschaften die passenden, konstruktiven, regulierenden und aufbauenden Körperhaltungen entwickelt. Es ist zwar offensichtlich, doch ich möchte es auch gesagt haben, dass eine Übung ständig trainiert werden sollte, damit man mit ihr einen nachhaltigen Erfolg erreichen kann.

Hier sind drei Übungen, die sich positiv auf das allgemeine Klima des Menschen auswirken. Unserer Erfahrung nach können sie bis ins hohe Erwachsenenalter hinein von jedem gesunden Menschen ausgeführt werden.

# EMOTIONALE STABILITÄT

Eine Körperübung, die sich positiv auf das allgemeine Befinden auswirkt, ist die Übung:

„Emotionale Stabilität"[23]

Ein stabiles, harmonisches Gefühlsleben ist eine ausgezeichnete Voraussetzung für ein Verhalten, das den täglichen Bedürfnissen und Anforderungen adäquat ist.

Wenn das Klima und die Emotionalität eines Menschen substanziell stabiler und harmonischer sind, unterstützt man die Konzentrationsfähigkeit, in der weiteren Folge die Aufnahmefähigkeit und zuletzt die adäquate Präsentation. Auf diesem mittelbaren Weg kann man eine fächer- und schulübergreifende Verbesserung der Kompetenz erreichen.

Emotionale Stabilität geht über die Stabilität, die beim Lernen gefordert, wünschenswert und auch notwendig ist, hinaus. Das Maß an emotionaler Stabilität ist ein Teil des Charakters. Mit der Übung kann man ein allgemeines positives Feld, in dem die emotionale Stabilität des Lernens ein Bereich ist, schaffen.

Man kann damit rechnen, dass die Lernbereitschaft insgesamt ruhiger, harmonischer und weniger durch spontane Gefühlsregungen gestört wird.

Die „innere Chaostruppe", wie eine Klientin das Phänomen einmal nannte, bekommt mehr Frieden und kann sich mit der Zeit ganz auflösen. Ein Mensch mit größerer emotionaler Stabilität lässt sich auch durch Verführungen von außen nicht so einfach verleiten und aus dem Lot bringen. Das ist in der Schule wie auch für das ganze Leben eine aufbauende Eigenschaft und in vielen Lebensbereichen einfach und praktisch.

Außerdem: Zur emotionalen Stabilität gehört, dass man sich nicht über ein gesundes Maß hinaus von den äußeren Bedingungen und Mitmenschen beeindrucken lässt. Das ist für jede Art des Lernens eine wichtige Voraussetzung. Eine missverstandene emotionale Stabilität hingegen ist Unbeweglichkeit, Starre bis hin zur emotionalen Verstei-

---

23 Diese Übung ist nicht für Menschen mit AD(H)S geeignet. Sie ist aber durchaus bei allgemein unruhigen / nervös wirkenden Menschen zu empfehlen.

nerung. Das Erleben ist dabei auf ein Minimum reduziert.
Man kann sogar sagen: Leben ist auf ein Minimum reduziert. Emotionale Starre ist eine ungesunde Form der emotionalen Stabilität. Ein Extrembeispiel ist der „konsequente" Projektleiter: „Ich gehe über Leichen, auch dann, wenn es meine eigene ist."
Das bekanntere und weit verbreitete Gegenstück dazu, ist die emotionale Labilität: "Soll ich oder soll ich doch nicht? Oder doch? Und dann doch wieder nicht? Oder was?" Man kann es auch Wankelmütigkeit und Entscheidungsschwäche nennen.
Probieren Sie die Übung über einige Wochen aus und beobachten sich selbst.
Falls Sie zu den Menschen mit eher instabiler Emotionalität gehören: Lassen Sie sich nicht von Ihrem Vorhaben diese Übung zu machen abbringen.
Falls Sie mehr zu den Menschen mit eher starrer Emotionalität gehören: Lernen Sie beweglicher zu werden, es macht Spaß und ist ein kleines emotionales Abenteuer.

## Wichtig:
Diese für Erwachsene rundum empfehlenswerte Übung sollten Kinder erst ab der Pubertät und dann auch nur einmal in der Woche nutzen.[24]

## Die Übung:
Nehmen Sie die auf den Abbildungen gezeigte Haltung ein.

Legen Sie sich mit dem Rücken auf den Boden.
Ihre Beine bleiben nicht nur in der hier gezeigten Lage, sondern auch während der gesamten Übung entspannt. Strecken Sie Ihre Arme über den Kopf, so dass sie mit den Beinen und dem Rücken möglichst eine Linie bilden. Ihre Arme bleiben während der gesamten Übung oberhalb des Kopfes.

24 Mit dieser Übung wird ein emotionaler Reifeprozess initiiert, ggf. reguliert und vielleicht auch nachgeholt. Das ist bei Kindern außer in klar definierten therapeutischen Situationen selten notwendig. Für Zappelphilipp (ADHS) ist die Übung nicht empfehlenswert, weil AD(H)S nicht auf einem unausgewogenen Gefühlsleben, sondern auf einer biochemischen Funktionsstörung beruht.

Nehmen Sie nun langsam Ihren Oberkörper mit Hilfe der
Bauchmuskulatur und **nur** mit Hilfe der Bauchmuskulatur hoch.
Der Rücken, die Arme und die Fingerspitzen bilden trotz
der Bewegung weiterhin eine durchgehende Linie.
Verharren Sie ein bis zwei Sekunden in der höchsten Position, die Ihnen möglich ist.

Dann lassen Sie sich langsam wieder absinken.
Entspannen Sie sich und lassen Sie Ihre Arme ausgestreckt
oberhalb des Kopfes liegen.
Heben Sie nach kurzer Zeit Ihren Oberkörper langsam
noch einmal hoch. Wiederum möglichst **nur** mit Hilfe Ihrer
Bauchmuskulatur.

Nach wie vor bilden, trotz der Bewegung, der Rücken, die Arme und die Fingerspitzen eine durchgehende Linie.

Verharren Sie wieder ein bis zwei Sekunden in der höchsten Position die Ihnen möglich ist und lassen Sie dann Ihren Oberkörper und Ihre Arme, die nach wie vor eine Linie bilden, langsam wieder absinken.

Wiederholen Sie die Übung so oft Sie möchten, jedoch höchstens fünf Mal.

### Wichtiger Hinweis:

Ihre Beine und auch Ihre Füße sind während der gesamten Auf- und Abwärtsbewegung des Rumpfes, des Kopfes und der Arme entspannt.

Falls Sie Ihre Beine doch (aus Versehen) anspannen sollten, entspannen Sie sie bitte sofort wieder.

Selbst wenn Sie Arme und Oberkörper nur wenige Millimeter hochheben (können), verbuchen Sie diese Bewegung bitte als Ihren Erfolg! Zu Beginn einer Übungsserie ist erfahrungsgemäß nicht mehr möglich.

Emotionale Stabilität hilft bei der Konzentration. Ein emotional stabiler Mensch kann auch anspruchsvolle und körperlich belastende Lernsituation besser bewältigen. (Er „flippt" z. B. nicht aus, wenn Frust passiert.)

Ist man emotional stabil, braucht man sich beispielsweise muskulär nicht zu verhärten. Man ist weniger abgelenkt, wird weniger abgelenkt und bleibt logischerweise besser und wahrscheinlich auch länger bei der Sache. Man ist innerlich stabiler, einheitlicher und harmonischer.

Damit kann man das zu Lernende einfacher und besser aufnehmen und es adäquat weitergeben.

Das sind natürlich auch die Ziele der Übung, die, ich erwähne es hier nochmals, mit wiederholtem Üben erreichbar sind.

# MUT

Ohne Hunger und den Mut, den Hunger durch Zupacken zu stillen, würden wir Menschen immer noch auf den Bäumen in Afrika hocken, wenn wir nicht schon ausgestorben wären.

Doch was soll das Spekulieren, es ist ja auch dank des Mutes, des Interesses, des Wissensdurstes und der Lernfähigkeit damaliger Menschen bekanntermaßen anders gekommen. Mut und Zupacken sind wohl für jeden Menschen nötig. In seinem Rahmen hat jeder Mensch Mut. Mut ist eine der wichtigsten Charaktereigenschaften, wenn man die „Welt erobern", das Lernen bewältigen, sich Kultur aneignen und produzieren möchte.

Was ist das eigentlich, „Mut"?

Mut ist körperlich. Mut heißt, trotz Hindernissen nach vorn zu gehen. Man kann sich zwar auch mental Mut machen und zupacken, doch das ist kein haltbarer Zustand. Mut ist auch ein positives Lebensgefühl, das einen zwar manchmal zu verlassen scheint, doch bei entsprechender Lust oder Anforderung aus heiterem Himmel wieder da ist. Mut und Körpersicherheit ist ein physiologischer Zustand, den man durch eine Köperhaltung lernen, trainieren und bis zu einem gewissen Grad auch automatisieren kann.

Mut und körperliche Sicherheit steht jedem gut, der Lernen möchte, ob im Klassenraum, auf dem Schulhof, im Seminar oder bei der Aneignung moderner Kunst.

Mut und körperliche Sicherheit machen das Leben und damit auch das Lernen eindeutig leichter.

Ein Mensch ist auch dann mutig, wenn eine innere oder äußere, eine subjektive oder objektive Gefahr/Not droht und zur Überwindung der Situation der Mensch etwas freiwillig mit offenem Ausgang tut oder lässt.

Mut braucht man auch, um in subjektiv oder objektiv neue Bereiche vorzudringen. Mut braucht und hat ein Mensch, wenn er etwas für ihn bisher Fremdes/Neues angeht oder auf den Weg bringt.

Mutig ist ein Mensch, der über eine (bisherige) persönliche innere Grenze springt. Mag die Grenze aus Moral, Unerfahrenheit, Scheu oder Angst bestehen, nur wer über diese Grenze springt oder geht, ist mutig. (Über eine Grenze zu gehen ist in jedem Lernprozess eine Notwendigkeit.) Mut geht, das wird erst bei näherer Betrachtung sichtbar, mit einer positiven, lebensbejahenden, nach vorne gerichteten Aktivität einher. Es gibt da noch die Feiglinge, Mutlosen und Entmutigten. Das sind die Schüler, Studenten, Erwachsenen, denen der Mut irgendwie durch Lebensumstände, Krankheiten, andauernden und nicht bewältigten Frust abhanden gekommen ist. Sie brauchen Ermutigung. Mut tut gut.

Man kann durch das Training der folgenden Übung spürbar mutiger, stabiler und tatkräftiger werden. Wer mutig ist, hat zwar keine Garantie für Erfolg, zielt und hofft jedoch auf ihn und lässt sich nicht durch Rückschläge vom Weg abbringen.

Mut ist wie gesagt keine psychische Größe, obwohl viele das glauben. Mit der Aufforderung: „Hab doch mal Mut" kann man keinen Mut bilden, sondern nur den Mut erinnern, unterstützen und ggf. aktivieren, der sowieso im Menschen vorhanden ist.

Mut kann man sich selbst mit dem besten Mentaltraining nicht dauerhaft aneignen. Körperlich erlernter, trainierter und manifestierter Mut ist eindeutig nachhaltiger, als mental trainierter Mut. Der mental trainierte Mut gibt kurzfristig Energie, der körperlich erfahrene und angeeignete Mut geht in die körperliche Substanz über und wird damit für den Menschen substanziell.

Quintessenz: Wer mutig ist, ist körperlich guter Dinge und psychisch stark, ist selbstbewusst, nach vorne gewandt, innerlich beweglich und äußerlich aktiv.

Dies sind Charaktereigenschaften, die man sicherlich nicht permanent braucht, doch, gleich in welchem Lernprozess man steckt, unterstützend wirken.

Mut ist das Ja zum Leben.

**Die Übung:**[25]
Nehmen Sie die auf den Abbildungen gezeigte Haltung
ein.

Übung Mut, rechtes Bein vorn

Stellen Sie zunächst Ihren rechten Fuß einen großen Schritt
nach vorne. (Stellen Sie bitte nicht Ihren linken Fuß nach
hinten.)
Es ist wichtig, dass Ihr rechter Fuß geradeaus zeigt. Win-
keln Sie Ihr rechtes Bein so weit Sie können/wollen an.
Ihr linkes Bein bleibt gerade durchgedrückt.
Ihr linker Fuß bleibt auf der Stelle stehen.
Ihr Gewicht ist auf beiden Füßen gleichmäßig verteilt.

25 Die Übung ist nicht mit der Selbstbewusstseinsübung / Mut in dem Buch vom Frauke Teschler „Fit fürs Lernen" zu verwechseln: Bei dieser Übung liegt der Schwerpunkt auf der Entwicklung des Selbstbewusstseins, aus dem heraus mehr Lebensmut entsteht. Bei der hier vorgestellten
Übung liegt das Gewicht auf Mut, Tatkraft und persönlichem Einsatz

Heben Sie nun Ihren rechten Arm nach vorne, so dass er mit dem Oberkörper und Ihrem linken Bein eine Linie bildet.

Ihr linker Arm befindet sich mit etwa einem Zentimeter Abstand neben dem Oberschenkel.

Schauen Sie etwa einen Zentimeter über einen angenommenen Horizont. Bleiben Sie so lange in dieser Haltung, wie es Ihnen angenehm und möglich ist. Zum Beenden der Übung nehmen Sie Ihr rechtes Bein zurück und gehen ganz aus der Übung heraus.

Nun wechseln Sie die Seite.

**Übung Mut, linkes Bein vorn**

Stellen Sie Ihren linken Fuß einen großen Schritt nach vorne.

Auch hier ist wichtig, dass Ihr Fuß geradeaus zeigt. (Stellen Sie bitte nicht den rechten Fuß nach hinten.)

Winkeln Sie dann Ihr linkes Bein so weit Sie es können/wollen an.

Ihr rechtes Bein bleibt gerade durchgedrückt.

Ihr rechter Fuß bleibt auf der Stelle stehen.

Ihr Gewicht ist auf beide Füße gleichmäßig verteilt.

Heben Sie nun Ihren linken Arm nach oben/vorne, so dass er mit dem Oberkörper und Ihrem rechten Bein eine Linie bildet.

Ihr rechter Arm befindet sich mit etwa einem Zentimeter Abstand neben dem Oberschenkel.

## ICH-KONGRUENZ

Ich-Kongruenz ist die erlebte Deckungsgleichheit / Einheit von Gefühl, Gedanken und Handlung und ein moralisch-ethisches Empfinden von gut, richtig und angemessen.

Ein Mensch mit hoher Ich-Kongruenz ist in sich ruhig und hat kaum unfruchtbare innere Diskussionen.

Dem gegenüber steht der wenig kongruente Mensch, mit seiner inneren Inkonsequenz, Zerrissenheit und dem „Ja, aber-Phänomen". Es sind Menschen, die sich mehr nach anderen richten und deren Meinung für prinzipiell wichtiger und richtiger halten, als ihre eigene Meinung.

Es sind notorische Ja-Sager und Mitläufer.

Diese Menschen verstoßen dauernd und nachhaltig gegen sich, ihre Bedürfnisse und Wünsche, gegen ihre wichtigen Werte und Normen. Sie sind unsicher und fühlen sich ganz offensichtlich nicht wohl in ihrer Haut. Zum Gegenteil von Ich-Kongruenz gehört auch vorauseilender Gehorsam, ein schwaches Selbstbewusstsein und eine geringe Selbstachtung.

Dabei ist Ich-Kongruenz ein Garant für persönliches und soziales Wohlbefinden.

- Ich-kongruent zu sein, heißt sich selbst treu zu sein und zu bleiben. Es heißt sich selbst zu spüren, seine Interessen zu kennen und zu wahren, innerlich aufrecht und zuverlässig zu sein.

- Ich-kongruent zu sein, bedeutet selbstbewusst zu leben, zu bleiben und sich nach den als richtig erkannten Werten zu verhalten, selbst dann, wenn es unbequem zu werden beginnt.
- Ich-kongruent zu sein, heißt eine eindeutige und zuverlässige Persönlichkeit zu sein und ein klares Profil zu zeigen.

Je kongruenter ein Mensch mit sich selbst ist, desto weniger Konflikte trägt er mit sich herum, desto weniger Reibungsverlust hat er im täglichen Leben, desto einfacher fällt ihm das Lernen.

### Die Übung:
Nehmen Sie bitte die folgende Haltung ein.

Übung Ich-Kongruenz

Sie sich mit geradem Rücken auf den Boden.

Winkeln Sie dann Ihre Beine soweit wie möglich an, so dass Sie gerade sitzen bleiben können.

Halten Sie auf jeden Fall mit der ganzen Fußsohle Bodenkontakt.

Legen Sie nun Ihre linke Hand mit der ganzen Handfläche auf den Boden. Dabei zeigen die Fingerspitzen nach vorn.

Heben Sie Ihren rechten Arm senkrecht in die Höhe. Ihre Handfläche zeigt nach vorne.

Mit den Augen schauen Sie etwa einen Zentimeter über einen angenommenen Horizont.

Atmen Sie tief in den Bauch ein und aus.

Bleiben Sie in dieser Haltung so lange, wie es Ihnen angenehm und möglich ist. Falls Sie die Haltung nicht genau so, wie auf den Abbildungen zu sehen ist, einnehmen können, versuchen Sie der Haltung so nahe wie möglich zu kommen.

Üben Sie die Haltung immer wieder.

## Wichtig:

Diese Übung wird ausschließlich mit dem rechten Arm in der Höhe ausgeführt. Wechseln Sie bei dieser Übung auf keinen Fall die Seiten!

Mit dieser Übung haben wir mit Kindern und Erwachsenen, deren körperliche und psychische Integrität nicht geachtet wurde, ausgezeichnete Erfolge verzeichnen können.

Misshandelte und überdisziplinierte Menschen neigen dazu sich der Meinung anderer anzupassen und devot zu verhalten.

Manche wissen nicht mehr, wer oder was sie sind und was sie ausmacht (und sagen das auch).

Diese Übung ist eine ausgezeichnete Hilfe, um wieder zu sich selbst zurück zu kommen, dauerhaft bei sich zu sein und zu bleiben.

## KOPF-/GEHIRNAKTIVIERUNG

Nun kommen wir zu einer Übung, die die allgemeine, körperliche Lernfähigkeit positiv unterstützt und eine Prophylaxe gegen demenzielle Erkrankungen sein kann.

Die Überkopfhaltung verstärkt die Durchblutung des Gehirns. Durch die Massage der Region über den Ohren wird der Kopf samt dem Gehirn aktiviert und zugleich entspannt. Die erhöhte Blutzufuhr kann so besser verarbeitet werden.

Das Ziel der Übung ist die Verstärkung der Gehirndurchblutung und zugleich die Entspannung des Gehirns und der Kopfhaut. Insofern ist die Übung auch eine hilfreiche Vorübung für das Stabilisieren und Stärken der Sinnesorgane.

### Die Übung:

Stellen Sie sich bitte breitbeinig hin.

Beugen Sie den Kopf und den Rumpf nach vorne und lassen sie beides locker hängen.

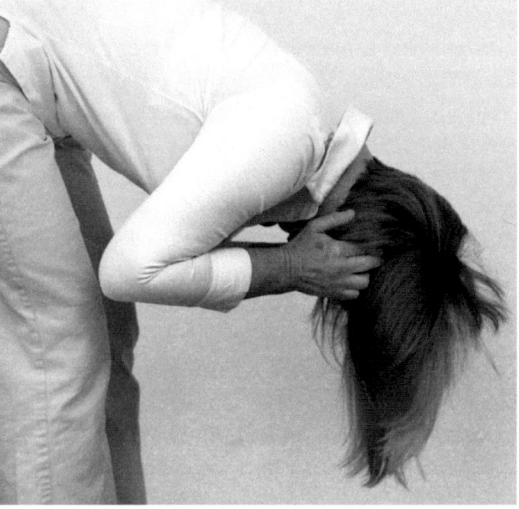

Die Körperhaltung

Die Beine sind nur leicht gebeugt. Wenn man sie streckt, sollten sie nicht überstreckt sein.

Kreisen Sie bitte mit festem Druck mit den Fingerkuppen beider Daumen oder der Zeige- und Mittelfinger oberhalb des Ohransatzes auf beiden Seiten des Kopfes: von unten nach hinten - oben - vorne - und wieder nach unten usw. Die Haut soll sich mit den Fingern/dem Daumen mitbewegen.

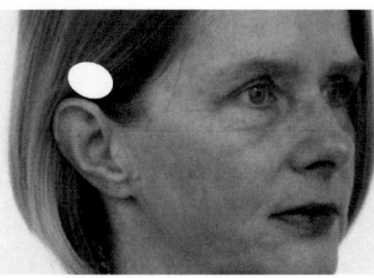

**Massieren Sie mit festem Druck im weiß gezeichneten Bereich.**

**Wichtig:**
Diese Übung ist nicht für Kinder und Erwachsene mit einer AD(H)S Symptomatik geeignet. Sie sollte natürlich auch bei akuten Kopfverletzungen nicht eingesetzt werden.

Die Augenmuskulatur kann sich entspannen, die Augen werden besser durchblutet und die Atmung wird aktiviert, man nimmt mehr Sauerstoff auf, der über das Blut das Gehirn und den gesamten Kopf versorgt. Eine bessere Durchblutung des Gehirns und die eintretende Entspannung des gesamten Kopfes fördern indirekt das Denkvermögen. Der Kopf wird freier, unbelasteter und ruhiger. Zudem beugen Sie mit der Übung einem möglichen Funktionsabbau vor.

Gerade Kinder spannen den Nacken bei dieser Übung an. Achten Sie darauf, dass der Nacken locker bleibt. Diese Übung macht Kindern sehr viel Spaß, weil sie merken wie sich Kopf und Gehirn entspannen und klarer werden.

Mit diesen Übungen unterstützen Sie natürlich nicht die direkte Intelligenz, spürbar aber die Möglichkeiten, um die vorhandene Intelligenz besser zu nutzen und Wissen und Fähigkeiten leichter weiterzuentwickeln.

So beweist es sich hier indirekt: Intelligenz ist machbar.

# DAS GEHÖRT AUCH ZUM THEMA

## DIE DAUER

Wenn es um die Lernförderung für Kinder geht, wollen fast alle Eltern schon vor dem persönlichen Erstgespräch am Telefon wissen, wie lange eine Lernförderung dauert und wie oft die Treffen sind. Das ist sehr verständlich, weil es doch um Geld, Zeit und persönlichen Aufwand geht. Unsere (wir, das sind Frauke Teschler (HP) und Wilfried Teschler) Antwort ist: Die Dauer ist von Kind zu Kind verschieden. Unserer Erfahrung nach zeigen sich die ersten positiven Veränderungen nach zwei bis drei Monaten und dauert eine vollständige Behandlung zwischen einem halben und einem Jahr.

Wir weisen immer darauf hin, dass unser Schwerpunkt in erster Linie therapeutisch, weniger pädagogisch und erst recht nicht medizinisch ist. Wir arbeiten mit anderen pädagogisch und medizinisch orientierten Institutionen und Personen zum Wohl eines Kindes oder Jugendlichen zusammen. Wir weisen zudem darauf hin, dass es nie zu Wundern in der Lernförderung kommt. Die Veränderungen, die wir bisher beobachten konnten, geschahen nicht aus heiterem Himmel, sie waren, sind und werden auch weiterhin Ergebnisse des systematischen und zielgerichteten Einsatzes aller Beteiligten sein.

Die Teschler Lernförderung ist ein methodisches und kooperatives Vorgehen mit Befundaufnahme, Therapieplan, Eltern- und Lehrergesprächen.

Die Teschler Lernförderung ist Wegbereiter für das bessere Lesen, Schreiben und Rechnen bei Kindern, Jugendlichen und Erwachsenen.

Wir sehen Lesen, Schreiben und Rechnen als die grundlegenden kulturellen Errungenschaften, zu denen möglichst jeder Mensch fähig sein und einen ausreichenden Zugang haben sollte.

Erwachsene nutzen unsere Methode natürlich, um besser und einfacher zu lernen[26]. Sie wollen die Techniken für das Bewältigen der Anforderungen in Beruf, Studium und Fortbildungen nutzen.

Im Leben des Erwachsenen sind viele Aufgaben zu bewältigen. Das heißt: dauerndes, lebenslanges Lernen.

Unsere Methode macht das Lernen für Kinder, Jugendliche und Erwachsene leichter, damit lebenslanges Lernen keine leere, lebensferne Worthülse ist.

## ZUM VERHÄLTNIS VON LERNFÖRDERUNG, MEDIZIN, SCHULE UND NACHHILFEINSTITUTIONEN IN DER PRAXIS

Wir halten es zum Wohl des Kindes/Klienten/Lernenden für unerlässlich, mit anderen Institutionen und Personen zusammen zu arbeiten. Leider wird dies von anderen nicht immer so gesehen. Ich möchte im Interesse der Eltern und Kinder nach allen Seiten hin für mehr Offenheit und Kooperationsbereitschaft plädieren. Für uns (meine Frau und mich) tauchen im Verlauf eines Behandlungsprozesses immer wieder Fragen auf, die wir selbst nicht beantworten können, weil wir nicht genügend Informationen über das Kind und die Bedingungen, in denen es lebt, haben.

Wir brauchen Kooperation mit anderen, öffentlichen und privaten Stellen, um im Interesse des Kindes/Jugendlichen und auch im Interesse von Eltern unterstützend tätig werden zu können.

Andererseits werden wir in unseren Ausbildungen von Pädagogen, Lehrern, Erzieher/innen immer wieder mit Fragen, die an den therapeutischen Bereich angrenzen, jedoch nicht dazu gehören, konfrontiert. Auf Grund unserer Ausbildungen und Erfahrungen sind wir in Bereichen kompetent, die über die reine Lernförderung hinaus gehen und bringen gerne auch unser medizinisches und institutionelles Wissen ein.

---

26 Sechs bis acht Millionen Bürger der Bundesrepublik Deutschland sollen Analphabeten sein oder zumindest große Mühen beim Lesern und Schreiben haben.

Der Standpunkt, von dem aus wir eine Fragestellung betrachten, ist: Was dient dem Kind/Jugendlichen zum besseren Lernen? Nicht nur in schulischer Hinsicht, sondern auch in Bezug auf die allgemeine Lebenskompetenz. Unsere Sichtweise und unsere Interventionsrichtung ist die des Wohles, des (Lebens-) Lernfortschrittes des Kindes oder Jugendlichen. Als Therapeuten können wir schon viel erreichen, u. a. auch weil wir mit unserer Methode dem Kind/Schüler/Jugendlichen/Klienten eine weitaus größere Bandbreite an Lebenskompetenz vermittelt können, als nur die Verbesserung der Lernfähigkeit.

Wir haben die Lernverbesserung als erstes und wichtigstes Ziel, dann die Verbesserung der Schulnoten und der sozialen Kompetenz und letztendlich die Möglichkeit zu mehr Chancen im Leben. Uns ist klar, dass alle Faktoren zusammenspielen und zusammengehören. Um diese Ziele im Interesse des Kindes/Lernenden besser erreichen zu können, ist es notwendig mit Institutionen und Personen, die ebenfalls mit dem Kind befasst sind, an einem Strang zu ziehen. Wir sehen die therapeutischen Interventionen nicht als DIE Maßnahmen an, sondern als eine unabdingbar wichtige Unterstützung, neben und mit anderen, die pädagogischer, medizinischer, administrativer und schulische Art sein können.

## WISSENSCHAFT UND WISSENSCHAFTLICHKEIT

Mit der empirischen Erforschung von Lernproblemen wie LRS, Rechenschwäche etc. ist die wissenschaftliche Forschung noch nicht bis auf den Grund gelangt. Auch hier gibt es „starke Hinweise", dass diese Schwierigkeiten „zumindest teilweise" genetisch prädisponiert seien.

Man befasst sich mit Symptombeschreibungen, listet sie auf und erstellt anhand der Symptome die Diagnose (Legasthenie, LRS, ADHS oder Dyskalkulie, Rechenschwäche). Die Therapie liegt dann schon in der Diagnostik begründet: „Rechnen lernt man durch rechnen", und „Schreiben lernt man durch schreiben". Man kann auch sagen: Üben, klug aufbereitet, ist der Weg zu besseren Leistungen. Das stimmt sicherlich, doch bei weitem nicht für alle Kinder. Viele Grundschulkinder, man schätzt ca. 6-10%, brauchen eine spezielle Förderung, die vorab Bedingungen schafft, damit sie Lesen, Rechnen, Schreiben möglichst reibungslos lernen können.

Ich gehe davon aus, dass hinter vielen wissenschaftlich abgesicherten Studien und Beweisen, die durchaus einer Überprüfung standhalten könnten, handfeste politische, wirtschaftlich oder sogar persönliche Interessen stehen. Die Versuchung eine bestimmte Ursache für ein Problem zu finden ist hoch, auch wenn die Praxis immer wieder deutlich macht, dass die Ursachen für Schulschwierigkeiten, gleich welcher Art, multikausal sind.

Wir werden nie das Gen oder die Gene finden, die für die Intelligenzentwicklung, die Konzentration, das Lesen oder im Negativen die Dyskalkulie oder Legasthenie verantwortlich zu machen sind. Dies liegt alleine schon darin begründet, dass die Inhalte dessen, was bei uns als Intelligenz gemessen wird, ebenso wie Lesen, Schreiben, Rechnen Kulturerrungenschaften sind. Wir werden, so sehr sich auch manche Wissenschaftler bemühen, auch kein Kriminalitätsgen finden. Was wir finden, sind genetische Prädispositionen, die unsere Intelligenz, Aggressivität oder unsere Kreativität möglich machen und steuern. Die Intelligenz, Kreativitäts- und Aggressivitätsgene sind mit Sicherheit daran beteiligt, wenn jemand ein Verbrechen plant und begeht. Doch diese Gene sind auch daran beteiligt, wenn jemand ein Bild malt oder eine mitreißende Rede für mehr Einhaltung der Menschenrechte hält. Wir werden kein Gen finden, welches explizit den Erwerb kultureller Fertigkeiten möglich oder unmöglich macht. Es gibt kein Lese-, Schreib-, oder Rechengen, genau so wenig wie es ein Legasthenie- oder Dyskalkuliegen gibt. Wenn dies so wäre, würde es auch ein Gen für oder gegen andere Kulturleistungen geben.

Das auf diesem Gebiet immer wieder nach DEM Gen geforscht wird, bringt jedoch so manchem Forscher Forschungsgelder und Reputationen. Wir (meine Frau und ich) wollten und wollen nicht auf mögliche wissenschaftliche Ergebnisse warten, die dem Schicksal einer individuellen Problematik sowieso nicht gerecht werden können. Unsere Ursachenkenntnisse schöpfen wir mit jedem neuen Kind neu. Wir kommen zu den unterschiedlichsten Ergebnissen. Unfälle, Krankheiten, individuelle psychosoziale und sicherlich auch genetische Bedingungen bilden ein unterschiedlich gewichtetes Feld, in dem die Kulturleistungen des Rechnens, Lesens und Schreibens geprägt werden. Aus den Erkenntnissen ergeben sich die Grundlagen für einen Behandlungsplan, den wir, sollte er sich als ungenügend herausstellen, immer wieder korrigieren und auf das Ziel „besseres Lernen" ausrichten.

Beim Kind A ist die Schwierigkeit eindeutig auf Krankheit zurückzuführen, bei dem Kind B scheinen unterschiedliche Faktoren zusammen zu kommen. Bei den Kind C ist der Grund, dass es auf sich aufmerksam machen möchte und beim Kind D ist es so, dass es den Tod des Großvaters nicht verarbeitet hat. Soweit der kurze Bericht aus der Praxis. Nie taucht ein unfähiger Lehrer/Lehrerin als ursächlich für faktische Lernprobleme auf, doch sehr oft haben wir es mit entmutigten Kindern zu tun, die sich nicht anders zu helfen wissen, als das Lernen herunter zu fahren oder sich mit antisozialem Verhalten zu verweigern.

## THERAPIEFORSCHUNG

Meines Wissens gibt es derzeit auch keine empirisch abgesicherte Therapie für Legasthenie, LRS oder Dyskalkulie. Es gibt die Feststellung zu Schreib- und Rechentrainings, die belegt haben, dass man „durch schreiben das Schreiben lernt" und „durch rechnen lernt man Rechnen". Dies heißt natürlich auch, dass „die Wissenschaft" noch in den

Anfängen zur wissenschaftlichen Untersuchung der Lese- und Rechtschreibschwäche steckt. Das Lese-, Schreib- und Rechenergebnis ist messbar. Die Anzahl der Fehler (das sind die Abweichungen von der geforderten Kulturleistung) kann man zählen und messen. Ist ein Kind im normalen Intelligenzbereich und wird eine bestimmte Menge an Fehlern immer wieder überschritten, kann man - auf das jeweilige Fachgebiet Rechnen oder Schreiben bezogen - von einer Störung sprechen. Es wird nicht der Mensch mit seinen Bedingungen gesehen, der aus vielen möglichen Gründen heraus falsch rechnet oder schreibt. (Ist eine allgemeine Schwäche im schulischen Lernen feststellbar, spricht man von einer allgemeinen Lernschwäche.) Nun kann man diese mit oft erprobtem und bewährtem und didaktisch aufbereitetem Unterricht behandeln. Man behandelt die Teilleistungsstörung im Rechnen / Lesen / Schreiben mit Rechnen / Lesen und Schreiben.

Man meint damit das Problem erkannt, ein Mittel gegen das Problem entwickelt zu haben und wendet das Mittel an. So ist der Blick auf die Verbesserung und Entwicklung der Fähigkeiten/Kenntnisse gerichtet. Was nicht gesehen wird, ist das konkrete Kind mit seiner individuellen schulischen Leistungsfähigkeit.

Es wird bei der wissenschaftlichen Sicht von Dyskalkulie, Legasthenie und LRS nur ein mehr oder weniger an Fehlern, bei zumindest durchschnittlicher Intelligenz, gesehen. Dies vor Augen stellt E. Ch. Wittmann von der Uni Dortmund das Konzepts der Dyskalkulie / LRS in Frage und meint rigoros: Alle Schüler sind förderungswürdig. (Siehe Literaturverzeichnis im Anhang.)

Was er dabei sicherlich nicht beachtet, ist die politische, wirtschaftliche und persönliche Interessenslage seiner Kollegen in Lehre und Forschung. Manche halten AD(H)S noch immer für eine Modekrankheit, genau so wie es einmal die minimale zerebrale Dysfunktion (MCD) war. In den ersten Jahren, als Medikamente zur Behandlung von AD(H)S auf den Markt kamen, soll es böse Zungen gegeben haben, die behaupteten, AD(H)S gäbe es erst, seit dem es die Medikamente gäbe.

Von solchen Aussagen abgesehen, kann ich aus der Praxis sagen, AD(H)S, Legasthenie und Dyskalkulie werden in der Literatur zahlenmäßig überbewertet. Ich schließe daraus, der „normale, lernschwache Schüler" ist wissenschaftlich nicht so interessant, wie derjenige mit einer Krankheit, trotz zahlenmäßiger Überlegenheit. Wenn die Industrie- und Handelskammer in Nordrheinwestfalen in den Jahren 2007 und 2008 mitteilt, dass 20 bis 25 Prozent der Schulabgänger nicht ausbildungsfähig wären, dann ist davon nur ein geringer Anteil auf eine Krankheiten zurückzuführen (wenn man denn überhaupt von Krankheiten ausgehen kann und nicht nur von ärztlich festgestellten Diagnosen). Der allergrößte Teil der „schlechten Schüler" hat mit Sicherheit keine der o.g. Erkrankungen. Ihre schlechten Noten und ihr inadäquates Sozialverhalten haben und zeigen sie aus anderen Gründen.

Wenn man die gängigen Ratgeber zum Thema Dyskalkulie, Legasthenie und AD(H)S sichtet, findet man Mitarbeiter von Universitäten, die zwar keine definitiven Hilfen anzubieten haben, sich aber zu Richtern über von ihnen ernannte „alternative" Therapieformen machen. Wobei ich den Eindruck habe, dass sehr oft auf die gebotene Sorgfalt bei der Informationserhebung verzichtet wird. Ich habe manche wissenschaftliche oder auch wissenschaftlich daher kommende Literatur gesichtet (einen Teil der Literatur finden Sie im Anhang). Ich kann mich des Eindrucks nicht erwehren, dass man im Wald der universitären Wissenschaftlichkeit den konkreten hilfsbedürftigen Menschen, den Lernenden, vor lauter Eigeninteresse kaum noch zu Gesicht bekommt.

Aus unserer Praxis kann ich Folgendes zu Ursachen, Wirkung und Rückwirkung von Lernproblemen berichten: Wir erarbeiten mit jedem einzelnen Kind, gleich mit welcher bisherigen Diagnose es zu uns kommt, eine differenzierte Befundaufnahme, die sich nicht nur auf die schulischen Schwierigkeiten und konkreten Fehleistungen bezieht, sondern eine aktuelle Anamnese der familiären, gesundheitlichen und schulischen Situation einbezieht. Mit diesem Vorgehen schaffen wir uns die Möglichkeit, mehr als die schulischen Schwierigkeiten und konkreten Fehleistungen zu benennen. Das können Eltern, Schüler/Schülerin und Lehrer oft ausgesprochen präzise berichten. Wir haben so auch die Möglichkeit, die Ursachen und Gründe, deren Gewichtungen und Beziehungen/Bedingungen zueinander möglichst genau ans Tageslicht zu bringen. Eine gute Befundaufnahme ist oft die halbe Therapie, wie man in Therapeutenkreisen weiß. Es war und ist bis zum heutigen Tage weder für Empiriker noch für uns möglich, eine monokausale Beziehung zwischen Lernstörungen, wie Legasthenie, AD(H)S, Dyskalkulie und deren Ursachen festzustellen.

Es ist meist keine Sache der Intelligenz selbst, sondern eine Sache der, durch mangelnde Sinnesfähigkeit, behinderten Intelligenz. Wir können - wie zu Beginn des Buchs erwähnt - drei prinzipielle Bereiche feststellen: genetische Disposition, Krankheit/Unfall, und psycho-soziale Bedingungen. Die Ursachen wirken zusammen, sie bedingen, unterstützen, verstärken und überlagern sich.

Die Ursachen wirken einschränkend auf die Sinne und auf die gesamte Persönlichkeit und damit in ihrer Folge einschränkend auf die Lernleistung eines Kindes.

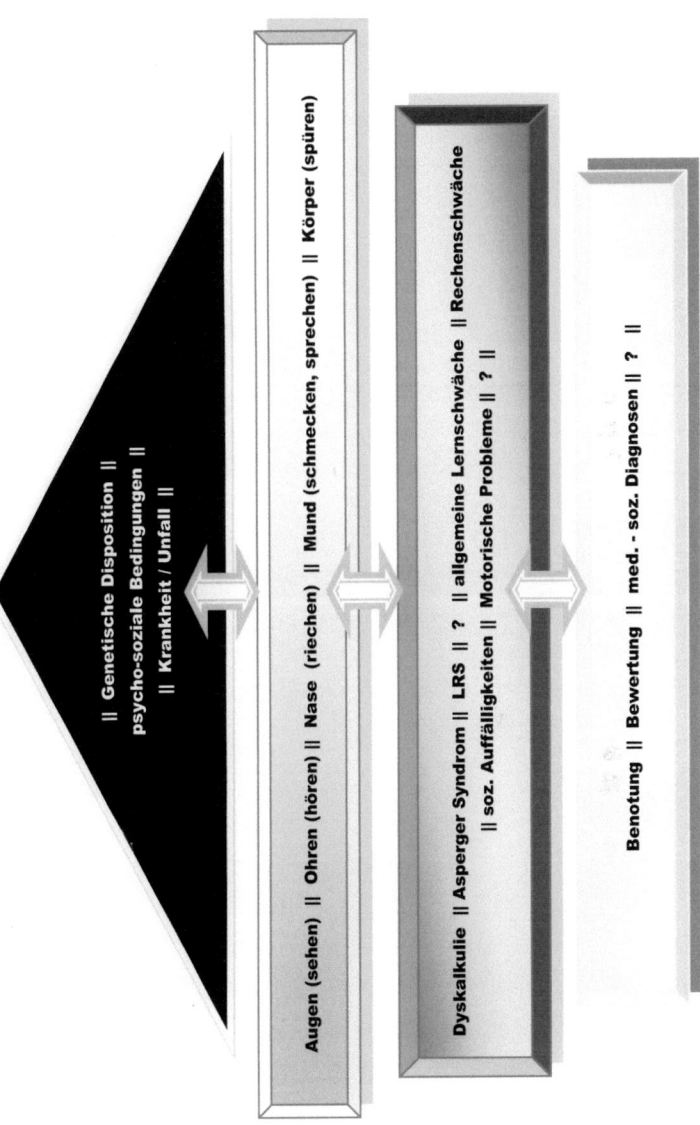

|| Genetische Disposition || psycho-soziale Bedingungen || || Krankheit / Unfall ||

Augen (sehen) || Ohren (hören) || Nase (riechen) || Mund (schmecken, sprechen) || Körper (spüren)

Dyskalkulie || Asperger Syndrom || LRS || ? || allgemeine Lernschwäche || Rechenschwäche || soz. Auffälligkeiten || Motorische Probleme || ? ||

Benotung || Bewertung || med. - soz. Diagnosen || ? ||

# ANHANG
## DER AUTOR

Wilfried Teschler, Jg. 1949, entwickelte mit seiner Frau die Teschler Lernförderung. Er ist Dipl. Sozialarbeiter, arbeitet als Ausbilder, Seminarleiter und Autor.

Frauke Teschler, Jg. 1958, hat Pädagogik und Sportwissenschaften studiert. Sie arbeitet als Heilpraktikerin, Ausbilderin, Autorin und Seminarleiterin.

Sie leiten zusammen eine freie Praxis in der Nordeifel.

Wilfried Teschler
Burg Dalbenden 0
53925 Kall-Urft
Fon: 0(049)2441/7716490
E-Mail: wilfried.teschler@lernlust.eu

Hier können Sie sich weiter informieren:
www.schuelercoaching.eu

# LITERATUR

## Teschler Lernförderung

**Frauke Teschler:**
Fit fürs Lernen – Lernfähigkeiten entwickeln, Polarity Verlag, Kall 2007
**Frauke Teschler:**
So entstehen Lernprobleme – Lernprobleme verstehen und erfolgreich beheben, Polarity Verlag, Kall 2011
**Frauke Teschler:**
Kompaktwissen Teschler Lernförderung, Aufmerksamkeit und Konzentration, Polarity Verlag, Kall 2009

## Sonstiges

**Baureis, Helga und Wagenmann, Claudia**
Kinder lernen leichter mit Kinesiologie, Oesch Verlag, Zürich
**Birkenbihl, Vera F.,**
Signale des Körpers: Körpersprache verstehen, Moderne Verlagsges. Mvg; 2007. 20. Auflage: Auflage.
**Dreikurs, Rudolf**
Grundbegriffe der Individualpsychologie Klett - Kotta, 2005
**Edelmann, Walter**
Lernpsychologie, 6. Vollständig überarbeitete Auflage 2000, Beltz Verlag Weinheim
**Firnhaber, Mechthild**
Legasthenie und andere Wahrnehmungsstörungen, 9. Auflage, Fischer Taschenbuch Verlag, Frankfurt 2005
**Fritz/Ricken**
Rechenschwäche, UTB Ernst Reinhard Verlag, München, Basel, 2008
**Hellwig, Nina**
Mit Montessori Legasthenie behandeln, Brigg Verlag, Augsburg, 2007,

**Jörgensen, Ole Sylvester**
Asperger: Syndrom zwischen Autismus und Normalität
Beltz Verlag, Weinheim 2002
**Kläy, Marianne**
Lebendiges Lernen, Anregungen für eine Schule in Bewegung, 2006, Haupt Verlag, Bern Stuttgart Wien
**Klicpera / Schabmann**
Legasthenie, 2. Auflage 2007 UTB, Reinhard Verlag, München/Basel
**Knauf, Tassilo; Politzky, Silke**
Die bewegt Grundschule, Schneider Verlag Hohegeren GmbH,2000
**Koneberg, Ludwig und Gramer-Rottler, Silke**
Das bewegte Gehirn, Kösel Verlag, München 2004
**Lowen, Alexander**
Bioenergetik: Therapie der Seele durch Arbeit mit dem Körper (Broschiert), Rowohlt Tb., 2008
**Lowen, Alexander**
Bioenergetik. Der Körper als Retter der Seele (Scherz Verlag 2002)
**Molcho, Samy**
Alles über Körpersprache: Sich selbst und andere besser verstehen, Mosaik bei Goldmann, 2007
**Rosenfield, Israel; Ziff, Edward**
Was uns denken lässt in Lettre International 83, Europas Kulturzeitung
**Schachl, Hans**
Was haben wir im Kopf, Die Grundlagen für gehirngerechtes Lehren und Lernen Veritas Verlag, Linz/ Österreich, 2005
**Spitzer, Manfred**
Lernen (Spektrum Verlag) Springer Verlag, Berlin, Heidelberg 2007
**Suchodeletz, Waldemar von (Hrsg.)**
Therapie der Lese-Rechtschreibstörung, 2. überarbeitete Auflage, Kohlhammer Verlag, Stuttgart 2006

**Wittmann, E. Ch.**
Ein alternativer Ansatz zur Förderung „rechenschwacher"
Kinder. Zu finden unter: http://www.mathematik.uni-
dortmund.de/ieem/mathe2000/pubonline.html

# INTERNET

Hier sind Suchworte, mit denen Sie im Internet eine Menge Informationen abrufen können. Manche dienen einer echten und interessanten thematischen Vertiefung, andere sind widersprüchlich in sich selbst und wieder andere erscheinen zunächst unsinnig, geben aber, wenn man sie in einen Zusammenhang mit anderen Informationen stellt, interessante Einblicke in das Denken und Erleben von Wissenschaftlern, Betroffenen, Nachhilfelehrern und Therapeuten.

Bilden Sie sich Ihre Meinung aus vielen Quellen.

SUCHBEGRIFFE FÜRS INTERNET:

| | |
|---|---|
| Asperger Autismus | Lernerfolg |
| Bewegte Schule | Lernförderung |
| Bioenergetik | Lernprozesse |
| Didaktik | Lernpsychologie |
| Dopamin | Lerntherapie |
| Dyskalkulie | Lerntraining |
| Dyskalkulie Diagnose | Lesetraining |
| Dyskalkulie Ursachen | LRS |
| Entwicklungspsychologie | Muskeltonus |
| Gehirnforschung | Nachhilfeunterricht |
| Gehirngerechtes Lernen | Neuronen |
| Hochbegabtenförderung | Newtons Kugelpendel |
| Hochbegabung | Rechentraining |
| Individualpsychologie | Schreibtraining |
| Informationspsychologie | Schulangst |
| Kindgerechtes Lernen | Schuldisziplin |
| Kiss Syndrom | Schulneurosen |
| Körpersignale | Schulversagen |
| Körpersprache | Schulwissenschaften |
| Legasthenie / Dyslexie | Spielgelneuronen |
| Legasthenie Diagnose | Verhaltenstraining |
| Legasthenie Ursachen | Wahrnehmung |
| Lernen | Wahrnehmungstraining |

Besuchen Sie uns im Internet und informieren Sie sich über unsere Produkte:

**Fit fürs Lernen**
*Lernfähigkeiten entwickeln*
Frauke Teschler
Das Buch zur Teschler Lernförderung, mit Mentaltechniken, Körperübungen und vielen Beispielen aus der Praxis
Preis: 14.80€
108 Seiten, 9 Abbildungen
ISBN: 978-3-939578-25-3

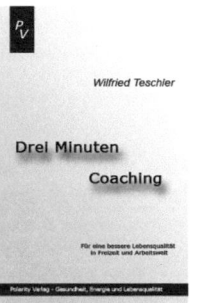

**Das drei Minuten Coaching**
*Superkurzcoaching für jede Situation*
Wilfried Teschler
Ein Buch zum einfachen und effektiven Selbstcoaching. Haben Sie eine Frage? Hier ist die Antwort!
Preis: 16.80 €
136 Seiten
ISBN: 978-3-939578-26-0

**Die Polarity Chakratherapie**
*Die ganze Heilkraft der Chakren*
Frauke Teschler
Lernen Sie eine geniale Methode zur körperlichen und seelischen Selbsthilfe und Selbstheilung kennen
Preis: 12,80€
80 Seiten, 14 Abbildungen
ISBN: 978-3-939578-24-6

**www.polarity-verlag.de**